T0098938

DANS LA MÊME COLLECTION

QU'EST-CE QUE L'AUTORITÉ ?

CHEMINS PHILOSOPHIQUES

Collection dirigée par Roger POUIVET

Jean-Pierre CLÉRO

QU'EST-CE QUE L'AUTORITÉ ?

Paris
LIBRAIRIE PHILOSOPHIQUE J. VRIN
6, place de la Sorbonne, V[e]
2007

Jacques LACAN, *Les quatre discours*, dans *Le Séminaire*, L. XVII, *L'envers de la psychanalyse*, p. 11-13
© Paris, Éditions du Seuil, 1991

© *Librairie Philosophique J. VRIN,* 2007
Imprimé en France
ISSN 1762-7184
ISBN 978-2-7116-1945-0

www.vrin.fr

QU'EST-CE QUE L'AUTORITÉ ?

INTRODUCTION

Toutes les créatures l'affligent ou le tentent, et dominent sur lui,
ou en le soumettant par leur force, ou en le charmant
par leur douceur, ce qui est une domination
plus terrible et plus impérieuse [1].

En matière de « fin », on est généralement bien servi par les auteurs de notre temps ; c'était déjà vrai au XIXᵉ siècle lorsque Hegel traitait de la fin de l'art et Nietzsche de la mort de Dieu. On nous a parlé, dans les dernières décennies, de la fin du politique, de la fin de la souveraineté ; notre époque serait celle « des achèvements ». On ne pouvait manquer de parler de fin de l'autorité avant même de se demander ce qu'est l'autorité pour qu'on puisse légitimement se prononcer sur cette fin. Parfois, le discours est subtil et laisse envisager paradoxalement que l'autorité peut être considérée comme finie, dépourvue d'avenir et de croissance, sans toutefois que cela l'empêche de continuer d'exister, puisqu'elle peut encore

---

1. Pascal, *Œuvres complètes*, Paris, Gallimard, 1964, p. 1224.

traîner une vie misérable, honnie et déplorable : il se peut que des générations puissent construire leur vie avec des valeurs moribondes. Parfois aussi, on parle plus brutalement de sa fin comme d'une mort. Or il faudrait se demander si ce qui apparaît comme une fin n'est pas plutôt un inéluctable déplacement, les êtres et les choses qui font autorité et la modalité même de celle-ci ne cessant d'être différents au cours du temps.

Je voudrais défendre une idée devenue un peu paradoxale sur l'autorité. Ordinairement, quand on en cherche la définition, on met l'accent sur le rapport spécifique qu'elle engage entre les hommes. Par exemple, on trouve dans le livre de Kojève sur *La notion d'autorité*, texte écrit en 1942, qu'elle est « la possibilité qu'a un agent – il entend nettement par là que l'agent est censé être libre et conscient – d'agir sur les autres (ou sur un autre), sans que ces autres (ou cet autre) *réagisse(nt)* sur lui, tout en étant capable(s) de le faire ». Et il donne aussitôt un équivalent à sa définition : « En agissant avec autorité, l'*agent* peut changer le donné humain extérieur, sans subir de contrecoup, c'est-à-dire sans changer lui-même en fonction de son action » [1]. Kojève énonce à peu près la conception que nous avons en tête quand, entendant parler d'*autorité*, nous la tenons pour une relation, non pas comme existence en soi de quelque trait de caractère d'un psychisme individuel, et quand nous la

---

1. *La notion d'autorité*, Paris, Gallimard, 2004, p. 58. On trouve une définition comparable de l'autorité chez Hume, dans le *Traité de la nature humaine*, L. II, part. I, sec. X : « Quand une personne acquiert sur moi une telle autorité qu'elle ne rencontre plus aucun obstacle extérieur à ses actions et qu'elle peut même, à loisir, me punir ou me récompenser sans redouter un châtiment en retour, je lui attribue alors sur moi un plein pouvoir et me considère comme son sujet ou son vassal ».

distinguons avec raison de la force. Or cette (ou ces) défi-
nition(s) est (ou sont) très défectueuse(s), puisqu'elle(s)
met(tent) l'accent sur la conscience et la volonté, alors que
l'autorité relève plus profondément d'un inconscient, par
lequel les agents ne savent pas, ne veulent pas ou ne doivent
pas savoir qu'ils se changent, eux-mêmes et les uns les autres ;
si Kojève avait raison, l'autorité, dans la mesure où elle
n'existe que reconnue par une conscience, ne pourrait pas être
bafouée, contestée, sans disparaître [1] aussitôt, alors que l'autorité n'est pas soumise à une loi de tout ou rien, qu'elle est
plutôt susceptible de degrés et que, même ses acteurs abaissés
ou humiliés, elle peut rester, assez longtemps, une autorité.
L'autorité est fragile ; elle n'existe que menacée de destitution
mais elle ne retourne pas sans reste à la banalité. Énonçons
notre thèse sans détours : les hommes n'exercent leur autorité les uns sur les autres et, peut-être même, chacun sur soi-
même (possibilité que nie Kojève), que par l'intermédiaire des
choses. Les choses sont les grandes dissimulatrices de l'autorité : il faut que l'autorité parvienne à faire croire qu'elle est
celle d'une chose, celle de son anonymat et de sa pérennité,
pour qu'elle soit efficace. Aussitôt démasquée comme action
d'un agent conscient et volontaire sur un autre agent conscient
et volontaire, l'autorité perd de sa force et de son caractère
plausible. Mais qu'est-ce que l'autorité des choses ? Ou plutôt :
qu'est-ce que cela veut dire que, dans la structure de l'autorité
(soit le système complexe constitué par les sujets impliqués,
les objets, les causes, la finalité, le contexte), il ne faut pas

---

1. C'est la thèse soutenue par Kojève qui, dans *La notion d'autorité*, dit que
« toute Autorité est nécessairement une Autorité reconnue ; ne pas reconnaître
une autorité, c'est la nier et par cela la détruire » (p. 60-61).

oublier l'impact des choses, lequel ne s'identifie pourtant pas à la force ? Nous entendons par *chose* ce que l'on peut saisir dans le mot *res* de *respublica* par exemple, c'est-à-dire ce qui se détache des sujets et paraît vivre d'une vie à part de ceux-ci (sous la forme de textes, d'images, de lois, d'institutions, de paysages) ; sa séparation d'avec les sujets, vers lesquels elle tourne néanmoins sa face, est ce qui la caractérise.

Avant d'entrer dans le détail de cette conception, il faut en faire sentir la vérité. L'autorité n'est jamais aussi efficace que lorsqu'elle détourne l'attention de celui qui est censé l'exercer et qu'elle porte ou fait porter tout l'intérêt sur la chose même. Dès que son attention est fixée sur l'objet, celui qui écoute un discours n'a pas d'autre issue que de se le réapproprier ; pourvu qu'elle soit intelligible et claire pour lui, la parole ne lui laisse plus de place à la distraction ou au glissement vers quelque divertissement. Si, en raison d'une inexpérience, d'un souci quelconque, d'une fatigue ou d'un état d'indisposition de l'agent, cette technique de fixer l'attention vient à manquer ou à faillir, aussitôt l'attention, qui devait se tourner vers les objets dont il traite, revient sur celui qui est censé devoir la fixer, et son autorité, auparavant tacitement admise, se trouve menacée. La maîtrise de l'attraction sur soi et de la diversion à l'écart de soi est une respiration essentielle à l'autorité.

Le langage est tout entier dans ce partage d'attraction et de diversion. En parlant, le locuteur fait diversion en direction d'un objet ; mais il existe aussi une façon de porter l'intérêt sur l'objet qui le fait glisser et refluer vers le sujet. La pointe de l'autorité n'est donc pas toujours au même endroit ; elle se déplace selon les valeurs et les poids respectifs de la structure.

Masquée derrière les choses, l'autorité est une activité symbolique, langagière, qui n'implique pas exclusivement la conscience, mais qui se nie comme symbolique, ou qui, du d'un droit à un souverain, analyse-t-il, dans le fameux chapitre XVI du Livre I, l'autorité en des termes qui commencent par déborder largement la sphère du politique : « Les paroles et actions de certaines personnes artificielles sont reconnues pour siennes par celui qu'elles représentent. La personne est alors l'acteur ; celui qui en reconnaît pour siennes les paroles et actions est l'auteur, et en ce cas l'acteur agit en vertu de l'autorité qu'il a reçue ». L'autorité n'est pas une qualité psychologique qui définirait réellement un être ou un trait de caractère de cet être ; elle est la désignation d'un être, qui n'a pas forcément d'existence empirique, censé avoir fait tel ou tel acte, avoir prononcé telle ou telle parole, et supposé engager par là tous ceux qu'il représente. On conçoit l'intérêt juridique et politique de cette notion qui permet d'agir au nom d'autres personnes ; mais on comprend aussi qu'elle déborde largement la sphère juridico-politique. Le rassemblement monarchique en un sujet, voire en une collectivité ou une communauté de sujets qui font circuler informations et ordres, n'est pas le seul fondement de l'autorité. « Il est peu de choses qui ne puissent être représentées de manière fictive. [Même] des choses inanimées, une église, un hôpital, un pont peuvent être personnifiés par un recteur, un directeur, un contrôleur ». Il est vrai que Hobbes rectifie aussitôt que « les choses inanimées ne peuvent pas être des auteurs » en ce sens qu'elles ne sauraient autoriser quoi que ce soit ni qui que ce soit, « qu'elles ne peuvent être personnifiées avant qu'il n'existe quelque forme de gouvernement civil », insistant sur le lien de la souveraineté avec l'autorité. Toutefois, très vite, des lecteurs de Hobbes ont paru s'évertuer à infléchir la rectification en parlant, en un sens extra-politique, non seulement de l'autorité de textes (pas seulement sacrés d'ailleurs), d'idées, de principes, de raisonnements, mais aussi de l'autorité d'images, de tableaux [1], d'objets parfois très triviaux [2], de représentations [3], de sentiments, d'animaux même, d'une façon qui, pour le coup, ne paraît requérir aucune espèce de souveraineté. Certes, il faut qu'un ou plusieurs agent(s), conscient(s) et volontaire(s), fasse(nt) partie de la structure qui caractérise l'autorité ; aucun des êtres que nous venons de citer ne pouvant à lui seul faire autorité, mais l'autorité n'est jamais non plus seulement un rapport d'être(s) conscient(s) à être(s) conscient(s). Contrairement à ce qu'affirme Kojève (p. 57), la conscience et la volonté ne sont pas les seuls supports possibles de l'autorité ; il n'y a même autorité que parce que le sujet s'oppose à des objets qui paraissent lui venir de l'extérieur, quand bien même il les aurait fabriqués lui-même pourvu qu'il ne le sache pas. Il faut que le produit d'une inversion lui arrive comme venant de l'extérieur, et que la fabrication d'inversion et même de séparation ne soit pas consciente d'elle-même. Dès lors, si la conscience est support d'autorité, elle partage ce rôle avec des objets, qui sont peut-être des produits de la division du psychisme dont elle est solidaire, mais qui sont (comme elle, quoique différemment d'elle) investis de la fonction d'autorité. Hume remarque qu'un portrait ressemblant d'une personne a immédiatement la propriété de nous transférer vivement et forcément à des souvenirs ou à des projets qui

---

1. D. Hume, *Essais esthétiques*, Paris, Vrin, 1974, vol. II, p. 85-86.

2. D. Hume, *Traité de la nature humaine*, Paris, GF-Flammarion, 1991, t. II, p. 182. Dans ce même traité, Hume parle du « droit [pour un objet] d'être nommé » de telle ou telle façon (I, p. 308).

3. D. Hume, *Traité de la nature humaine*, Paris, GF-Flammarion, 1995, t. I, p. 145. Hume parle de « l'autorité de notre mémoire et de nos sens ». Il n'est pas le premier à parler ainsi puisque les sceptiques grecs problématisaient déjà la force spécifique des représentations.

nous lient à cette personne. La ressemblance d'une image fait sur nous autorité en nous soumettant à son prestige et en nous contraignant, comme le verbe chez Aristote, à une expérience ontologique[1]. Ce déplacement et cette extension de la conscience au psychisme, puis du psychisme tout entier à l'objet (ou à la chose) posent problème. La « généralisation » à laquelle nous soumettons l'autorité n'en évase-t-elle pas le concept pour en faire une simple métaphore ? Ou cette extension n'a-t-elle pas au contraire permis et ne permet-elle pas encore de préciser l'utilisation juridique et politique du concept ? Car, à trop mettre l'accent sur l'agent conscient, comme le veulent les idéalistes et, par exemple, l'hégélien Kojève, l'autorité ne se dissoudrait-elle pas dans des contradictions qui sont assez bien surmontées quand on comprend que le sujet demande, consciemment mais surtout inconsciemment, aux choses, de prendre en charge l'autorité ?

Contradictions et extension de la notion d'autorité

Sans oublier l'origine grecque de la notion, qui renvoie à celle de *substance*, qu'il s'agisse d'ἐξουσία ou d'ὑπόστασις, nous allons commencer par privilégier sa version latine, qui transparaît dans *autorité*. *Autorité* vient du latin *auctoritas*, qui renvoie à la notion d'*augmentation*. *Augere* veut dire *augmenter*, accroître. Le latin ne confond pas la notion de *pouvoir* – qu'il rend par *potestas*[2] – et la notion d'*autorité*. Il ne solidarise pas non plus, à la différence du grec, la notion avec la *substance* : ἐξουσία ne rend pas la notion latine d'*autorité*, même si la préposition ἐξ ou ἐκ indique l'idée de *sortir de*,

---

1. La laideur ou quelque dissemblance n'aurait pas le même effet.
2. Le terme de *pouvoir*, de *potestas* pourrait être rendu par κράτος en grec.

puisque le mot n'a pas, en grec, la même étymologie qu'en latin. L'*auctoritas*, c'est la qualité d'être *auteur*. Hobbes le rappelle en son *Léviathan* qui ne cite le grec, au chapitre XVI du L. I, que pour souligner sa différence avec le latin : la notion de *persona* insiste moins sur le *visage*, comme le font les Grecs pour désigner la *personne* (πρόσωπον), que sur sa couverture, son *déguisement*, l'*apparence extérieure*. Au moment même où la notion d'*autorité*, par l'intermédiaire de celle de la *personne*, paraît se resserrer autour des notions de *masque* et de *délégation*, se comprend le principe même de l'extension à l'objet dont nous avons parlé[1]. L'autorité a été posée par Hobbes comme un substitut de l'inexistence, de l'irréalité, du vide de la personne et du sujet. On peut affirmer que des actes, des paroles, des pensées, des sentiments existent, mais celui à qui on les attribue est plus sûrement un être fantasmatique et symbolique que réellement existant. Pascal avait déjà noté que l'on n'avait de sentiments que dans la mesure où l'on croyait les avoir, par une espèce d'investissement d'image ou par une sorte de sympathie. La fiction de l'*auteur* remplace le manque de réalité phénoménale de la *personne*. La personne n'« existe » pas, mais on peut décider de lui accorder quelque réalité par un jeu de fictions qui permet d'organiser le monde social, juridique et politique. Cet écartèlement, qui se retrouve chez presque tous les auteurs qui n'admettent pas la substantialité d'un sujet, aussi opposés soient-ils par ailleurs que Hobbes, Hume, Kant, Bentham, Stuart Mill, est à la source de multiples contradictions.

---

1. L'ἐξουσία connaît la même extension, puisqu'elle peut signifier non seulement l'autorité politique ou religieuse, mais le territoire soumis à une telle autorité, comme on le voit chez Luc, 23, 7 qui parle d'ἐξουσίας Ἡρώδου (de la juridiction d'Hérode).

La *première* d'entre elles est sans doute celle qui consiste à livrer, sur le mode d'une fiction qu'il convient de réaliser, ce qui est condamné, sur le plan des faits et de la réalité. Si le sujet n'a pas de réalité, on peut encore faire *comme s'il* en avait une et exiger que certains agrégats d'actes, de pensées, de paroles, de sentiments, se structurent en unités pour que le droit puisse s'appliquer et que l'organisation politique parvienne à se constituer (il faut pouvoir répondre aux questions : à qui imputer un acte ? Qui punir ?). On demande étrangement, à l'autorité, d'enregistrer cette différence et de la réduire, en comptant sur l'individu, sur quelque regroupement d'individus ou sur quelque autre être pour qu'il se constitue en cette sorte d'entité dont on a pourtant préalablement montré qu'elle n'avait et ne pouvait avoir d'existence. Mais y a-t-il un sens à demander à des êtres de devenir ce que l'on sait ne pas être possible ? On peut bien recourir à l'astuce qui consiste à projeter, comme une idée régulatrice à l'horizon, un concept qui contient au présent des contradictions ; mais résout-on une difficulté en différant indéfiniment sa solution ? La procrastination n'est pas sûre et il n'est pas certain non plus que l'on puisse demander à la déontologie de résoudre les apories de l'ontologie.

On est frappé, dès qu'on regarde historiquement la notion d'*autorité*, par l'incroyable effort des auteurs pour chercher la solution du problème dans le problème même. Le devoir, qu'il soit imposé de l'extérieur ou qu'on fasse en sorte qu'il s'impose de l'intérieur, est très exactement le type de solution d'un problème qui énonce une impossibilité ontologique. *Tu dois, donc tu peux*; et tu peux même ce qui a été démontré théoriquement comme impossible. L'impossible devient, par le devoir, susceptible d'avoir une réalité. Demander à l'autorité qu'elle résolve l'impossibilité théorique de l'unité subjective en tentant de l'effectuer pratiquement, ou, mieux, en comptant sur le réflexif du *« se » contraindre à cette unification* pour l'imaginer, du même coup, recevable, pose à peu près le même genre de difficulté que de demander à l'amour-propre de se supprimer lui-même et à l'intérêt de s'autolimiter pour se conserver lui-même. Aussi bien, personne ne songe à une telle suppression, mais plutôt à un travail de l'affect sur lui-même. L'autorité est un cas typique du *figmentum malum* dont parle Pascal[1] ou de constitution oblique, comme on la voit à l'œuvre chez Hume[2].

Par sa *seconde* contradiction, l'autorité révèle mieux encore sa structure. En effet, si la déontologie peut parfois s'ériger en instance qui résout les contradictions de l'ontologie, ce n'est pas tout à fait par un mouvement continu qui escamoterait la différence entre *être* et *devoir être*; mais c'est plutôt en invoquant des valeurs différentes de celles qui ont conduit au conflit. Il n'est peut-être pas *vrai* qu'il y ait des personnes réelles, mais l'ordre ou l'organisation sociale, qui vaut bien la vérité, veut que l'on fasse comme s'il y en avait et que le groupe se les impose pour qu'on sache qui a fait telle ou telle chose et qui possède telle ou telle propriété. Le recours à l'autorité suppose toujours, dans le principe, la mise en balance de deux types de valeurs, dont l'un est censé résoudre les difficultés de l'autre, ou dont il se pose en dépassement du conflit.

---

1. Pascal, *Pensées*, frag. 453 (Brunschvicg).
2. En particulier, à l'occasion de la justice, qui est la constitution d'un système artificiel, qui plonge ses racines dans les passions et les intérêts qu'il satisfait « de manière oblique et indirecte », D. Hume, *Traité de la nature humaine*, Paris, GF-Flammarion, 1993, t. III, p. 98.

Pascal oppose en effet, dans la *Préface pour le traité du vide*, « la géométrie, l'arithmétique, la musique, la physique, la médecine, l'architecture, et toutes les sciences qui sont soumises à l'expérience et au raisonnement », où l'autorité n'a rien à faire, aux disciplines où elle est indispensable, à commencer par la théologie, où elle « a la principale force [...] parce qu'elle est inséparable de la vérité, et que nous ne la connaissons que par elle »[1]. Il est vrai qu'on n'a pas encore commencé à faire de la géométrie quand on se contente de répéter par ouï-dire qu'Archimède a établi que la section de la parabole est égale aux 4/3 du triangle qui s'y inscrit ou qu'on invoque le seul nom de Pythagore pour affirmer, sans la démonstration, que, dans un triangle rectangle, le côté opposé à l'angle droit est égal à la racine carrée de la somme des carrés des côtés de l'angle droit. Les théorèmes que l'on attribue, souvent plus ou moins faussement, à tel mathématicien, valent parce qu'ils se démontrent indépendamment de leurs auteurs, réels ou prétendus. En revanche, c'est bien par l'autorité de l'Écriture ou de tel ou tel concile que l'on peut croire à la trinité des personnes de Dieu ou à la divinité de Jésus Christ : il n'y a, à cela, aucune raison démonstrative et l'on ne saurait intimer une adhésion dans ces derniers cas de la même façon que dans les premiers. Toutefois l'idée d'une émancipation des sciences ou de certaines d'entre elles, du moins, à l'égard de l'autorité est trop indéterminée et ne saurait convaincre tant qu'on ne précise pas de *quelle* autorité elles s'émancipent ; car on peut détecter la présence d'autorité dans les sciences, y compris en mathématiques. Nous la voyons à deux niveaux.

---

1. Pascal, *Œuvres complètes*, p. 530-531.

Le premier est que, comme le souligne Hume, le mathématicien compte sur ses pairs pour s'assurer qu'il n'a pas commis quelque paralogisme dans ses démonstrations. La vérité peut bien être *index sui*, impliquant une création autonome : elle ne s'établit pas sans la confrontation avec des personnes qui s'accordent entre elles la compétence de la critiquer, de la vérifier, de la mettre en question. Il existe, à chaque époque, une société des mathématiciens qui décide de ce qui est mathématique et de ce qui ne l'est pas. Un texte qui ne se présente pas selon les normes acceptées par le milieu de ceux qui se cooptent comme mathématiciens n'a que peu de chances d'être accueilli comme mathématique. Un filtrage sévère s'instaure, qui n'a pas seulement à voir avec le vrai mais qui se pare volontiers de son prétexte. La rhétorique des sciences est très exactement l'expression de ce filtrage. On peut certes le transgresser; Desargues l'a fait, par exemple, à l'époque de Descartes et de Pascal; mais il faut alors que les gardiens du filtrage acceptent cette transgression, qu'il y ait un Descartes ou un Pascal qui jouissent eux-mêmes d'assez d'autorité pour cautionner de telles «exactions» aux formes rhétoriques ordinaires. Si l'on s'adresse à la communauté des savants dans une langue ou dans un code qu'ils ne connaissent pas, on prend le risque de n'être pas compris et d'être rebuté pour cela.

Le second niveau est que, sous ce qui est accepté comme mathématique, parce qu'il répond à des normes démonstratives et à des procédures respectées par le milieu des mathématiciens, il est un autre principe de sélection, qui n'a rien à voir avec la seule force du vrai. Toutes les formes n'intéressent pas le géomètre : certaines se trouvent d'emblée sélectionnées de telle sorte que, si compliquées soient-elles, on sait les ramener à des formes simples ou caractéristiques qui, sans démonstration, sont tenues pour plus intéressantes que les autres. Cet

sensibilité. Elle est même capable d'émouvoir beaucoup plus violemment qu'une force qui exerce son effet immédiatement sans qu'on ne puisse s'y dérober. Elle est un être intermédiaire entre l'imposition de la force et la réception ou l'accueil. On se soumet passivement à l'autorité : sur fond d'acceptation, on ne peut pas s'empêcher de s'y soumettre ; mais inversement, la réalité n'exerce pas de force, sans laisser une certaine marge de manœuvre à son égard. Les choses exercent aussi, dans leur réalité, à leur façon, une autorité ; tout simplement parce qu'elles sont représentées. On leur est soumis comme à une espèce de règle qui régit les façons d'en user avec elles ; plus exactement, autorité et réalité fonctionnent l'une par rapport à l'autre comme deux règles différentes et dépendantes en ce qu'elles sont sommées de s'ajuster l'une à l'autre. Je puis toujours prendre des risques ou m'accorder une marge de manœuvre à l'égard du réel, mais je ne suis, dès lors, évidemment pas maître d'avoir eu raison ou tort en les encourant. L'autorité est l'impossibilité de la capture tyrannique. L'autorité est ce mixte d'*initiative*, celle que me laisse l'objet (la situation), ou que je prends, et de *nécessité* que je rencontre dès lors que je l'ai prise. L'autorité est le couple de la *prise* que j'ai sur l'objet et des *obligations* que celle-ci me donne. Un objet exerce une autorité sur moi quand il se détache de moi selon des règles ou des lois qui assurent sa propre autonomie ; il joue son propre jeu dans un ensemble où j'ai été, suis et ne puis être que partie prenante.

Une rapide inspection sur la perception des objets qui nous entourent apprend beaucoup sur l'autorité. Les objets qui paraissent se distribuer autour de moi exercent très inégalement leur force ; ce ne sont d'ailleurs pas ceux qui exercent la plus grande force qui sont ressentis comme les plus importants et comme exerçant le plus d'autorité ; l'autorité peut aller en sens inverse de la force. Je ne sens plus le sol qui est sous mes pieds, quoiqu'il exerce sur mon corps une force directe de réaction à mes pas ou à mon assise sur lui ; je ne sens plus l'air que je respire quoique je dépende absolument, pour vivre, de sa teneur en oxygène, de sa chaleur, de sa pression et de quelques autres paramètres ainsi que de la stabilité de ces paramètres. En revanche, cet océan que je regarde à présent, au cours de ma promenade, me fait un effet infiniment plus considérable, non pas par sa force même qui ne s'applique pas aussi directement que le sol qui me retient ou que l'air que je respire, mais par l'autorité qu'il exerce sur moi, et qui est comme la somme sourde, mal envisageable dans le détail, de l'immensité de la courbe de la baie, de l'éloignement prodigieux de la ligne apparemment impeccable de l'horizon, du faisceau de toutes les activités qu'il me faudrait déployer pour m'approcher en sécurité de cet océan, pour le traverser, pour en vaincre les limites qu'il m'impose. Il s'impose à moi à travers des stratégies, des esquisses ou des fantasmes de stratégie. Ce qui désempare dans une catastrophe comme un tremblement de terre, l'effondrement de quelque chose qui est sous mes pieds, c'est que je suis soumis à des forces qui me laissent sans stratégie devant leur péril.

On pourrait d'ailleurs soutenir que les objets qui comptent le plus pour nous, puisque notre vie dépend immédiatement de leur jeu de forces, sont « désobjectivés ». Le sol n'est pas un objet pour nous, en raison de son caractère illimité, de sa puissante orientation qui nous donne l'impression du bas en soi, mais il est une sorte d'assurance ressentie de façon coenesthésique et kinesthésique ; l'air que nous respirons n'a de sens que comme partenaire dans une espèce d'alliance qui, par sa profusion et sa relative stabilité, nous inspire une absolue confiance. Si le contrat est beaucoup plus relâché avec le plus grand nombre des objets, c'est parce qu'ils nous laissent une marge de manœuvre plus grande. Dès que notre vie dépend étroitement d'un objet, cet objet devient plus facilement objet d'angoisse que d'autorité, dès que nous craignons qu'il vienne à manquer ou à faillir pour une raison ou pour une autre. Nous repérons ici le lien privilégié, dialectique, de l'autorité à l'angoisse.

Si raffinée soit-elle, la construction entreprise par Carnap, dans *Der logische Aufbau der Welt* (chapitre B, § 126-127, en particulier), pour rendre compte de l'apparition et de la disparition des sensations, de leur regroupement en objets, est très approximative. Elle ne tient pas compte de cette valorisation d'autorité que nous venons de découvrir. Les sensations ne font pas qu'apparaître et disparaître dans le « tore » de la perception; elles le font plus ou moins dangereusement, laissant plus ou moins d'autorité à l'objet pour se constituer. Mais qu'appelons-nous *autorité* quand il s'agit d'un objet? L'expérience de l'image ou de la gravure peut nous aider à la penser.

Soit l'image d'un volume que je veux tracer en perspective. Je suis libre de choisir de le présenter selon telle ou telle de ses faces; je suis encore maître de choisir sa distance virtuelle à l'égard de la surface du tableau, l'angle de vue, le point de fuite, la source d'éclairage; mais, une fois ces composantes fixées, une nécessité implacable est enclenchée: les faces, qui fuient, en apparence, la surface du tableau et qui semblent s'enfoncer dans sa profondeur, le font régulièrement. Si je ne suis pas les règles, les faces ne fixent plus l'impression de fuite: je fais, non plus un tableau, mais une marqueterie peu convaincante. Les couleurs elles-mêmes changent, selon ces mêmes lois que je ne décide pas, sur les faces d'une chose qui s'abîme vers l'horizon. Je ne pourrais pas empêcher les choses de devenir de plus en plus évanescentes au fur et à mesure qu'elles emplissent les plans emboîtés les uns dans les autres qui s'enfoncent dans le lointain. On est passé graduellement de la simple liberté à des règles de plus en plus insistantes, qui m'obligent à une certaine pratique, faute de quoi, ce que je fais, ce que j'ai voulu faire perdrait tout sens, toute cohérence plausibles. Pour que la gravure que je trace puisse se détacher de moi et vivre d'une vie propre et universelle, c'est-à-dire pour qu'elle puisse convaincre tout spectateur qui la regarde qu'elle est image de quelque chose, il faut que j'obéisse à des règles que je n'improvise pas. C'est à cette condition-là qu'elle m'échappe et exerce sur moi, comme sur quiconque la regarde, une autorité. Une intrication de théâtres à laquelle j'ai donné impulsion, en désirant présenter une *histoire*, comme on a dit jusqu'au XVIIᵉ siècle [1], se manifeste en séries, tant du côté de l'image, dont les multiples plans s'étagent et se fondent les uns dans les autres, intriquant la liberté et la nécessité en un jeu net où chaque décision a des implications déterminées sur lesquelles elle ne peut rien, que de l'autre côté de l'image, puisque ma décision est entrée dans un conditionnement de règles, de plus en plus contraignantes. Pour que l'image qui fait autorité puisse vivre sa propre vie et s'imposer à quelque regard que ce soit, il faut que des règles assurent sa rupture avec la volonté qui l'a décidée et avec celle des spectateurs par lesquels elle se fait regarder.

On s'aperçoit que l'autorité des images tient à une régulation *sui generis* et non pas à une ressemblance avec un prétendu extérieur, quand on voit comment, au cours de l'histoire,

---

1. En particulier en Italie où l'on parle de *storia* pour désigner une peinture ou une sculpture en plusieurs épisodes. On trouve le mot, pris dans ce sens, sous la plume de Galilée.

les créateurs d'images que sont les peintres s'affranchissent de
la contrainte de la perspective, n'en gardent plus que l'horizon,
comme Courbet, dont les décisions picturales ne sont pas sans
rapport avec ses positions politiques (communardes et anti-
bourgeoises); et puis se libèrent de l'une et de l'autre, comme
le feront Malevitch ou Lissitzky[1], qui dénonceront les « filets
de l'horizon », comme Nietzsche mettait en garde contre les
« rets du langage ».

L'impression de transcendance de l'image, le fait qu'elle
nous fasse autorité, sont liés à des règles auxquelles se plie la
volonté, quoiqu'elle les fabrique elle-même ou qu'elle en
reconnaisse la fabrication par ses pairs ; l'illusion de l'extériorité qui nous en impose dans l'image provient d'une régulation
interne ; simplement, on oublie ou on ne veut pas savoir qu'on
y est soumis. Ainsi, quand Kojève dit que la conscience ne peut
se faire autorité à elle-même[2], il a raison *stricto sensu* – car on
ne voit pas comment, sans inconscient, la conscience pourrait
s'en imposer à elle-même –, mais s'il veut parler du psychisme
dans son ensemble et pas seulement de la conscience, il a tort ;
il faut dire, absolument à l'inverse, que ce n'est guère que le
psychisme qui puisse se faire autorité à lui-même. L'autorité
est, pour le psychisme, une affaire entre soi et soi, par l'intermédiaire d'une règle inaperçue, tant qu'on n'a pas intérêt à
la rendre consciente. L'autorité fabrique un abri contre la
violence du réel ; elle est un échange ou une substitution
de dominations. Elle nous fait croire que nous sommes de

1. Ses fameuses lithographies *Proun* nous affranchissent à la fois de l'horizon et de l'axe du tableau qui se situent à angle droit par rapport à l'horizon.

2. « De toute évidence, et par définition, on ne peut avoir d'autorité sur
soi-même, l'idée même d'une « réaction » n'ayant ici aucun sens », *La notion
d'autorité*, p. 98.

plain-pied avec le réel et que c'est la réalité même qui nous commande. Le réel ne saurait commander. Un réel qui commanderait serait déjà une réalité qui humaniserait, qui substituerait un ordre humain à ce qui éclate de façon imprévisible. L'autorité n'est pas le réel quoiqu'elle puisse se donner pour tel, puisqu'elle est la gestion qui aménage l'éclat impensable du réel. Cet éclat dangereux ne fait que la colorer, lui donner une partie de sa force et de sa vivacité par proximité.

D'une certaine façon, l'autorité fait partie de ces « objets transitionnels » que nous recueillons ou construisons depuis la plus tendre enfance pour nous rendre la réalité supportable. On pourrait dire, dans un vocabulaire qui est moins celui de Winnicott que celui de Lacan, que la règle s'immisce dans la division du moi, permettant à la fois de s'en accommoder tout en se la masquant. L'autorité est une interminable stratégie pour vaincre une insupportable, quoique impérissable, division en soi-même. Le symbolique ou, si l'on préfère, le langage, divise et soigne le moi, le réconcilie avec lui-même ; le mal et le remède ne faisant qu'un.

Ce que nous avons établi à propos des images, il faut désormais l'étendre à l'activité symbolique dans son ensemble ; ce qui n'est pas très difficile s'il est vrai que les images s'apparentent au langage, qu'elles fonctionnent de façon *sui generis* comme le langage [1], tout en le masquant et en feignant d'imiter les choses dans leur matérialité sourde et muette.

On s'étonnera peut-être que, entre la nécessité de la réalité et l'autorité des règles par laquelle nous nous en protégeons,

---

1. Ce que Descartes savait pertinemment, quand il fait la remarque décisive qu'il n'y a pas plus de rapport de ressemblance entre un dessin d'arbre et un arbre de la nature qu'entre le mot *arbre* et l'arbre réel.

nous n'avons pas encore situé les lois physiques. Certains auteurs, comme Kant, n'hésitent pas à les donner comme une expression de la nécessité ; d'autres, plus probabilistes, comme Hume, admettent beaucoup de jeu à l'égard de cette nécessité et tendent plutôt à les appeler des règles ou à les faire dépendre de règles. La vérité est que les lois physiques ont des statuts extrêmement divers et qu'elles sont loin d'avoir le mode d'existence implacablement et absolument nécessaire que certains classiques leur ont attribué. Elles sont toutefois plutôt les lois de la physique que les lois de la nature. Les lois de la physique sont absolument artificielles ; le rapport qui existe entre ces lois de la physique et ce que nous avons appelé la réalité, c'est que celle-ci les entrelace, les mêle en un réseau hirsute. Les lois de la physique font autorité dans la constitution et la nécessité du réel.

L'idée de nomographie comme science de l'autorité

Les lois dont il s'agira ici sont d'abord les lois qui régissent les sociétés ; mais cela ne veut pas dire qu'une nomographie ne soit pas indispensable au-delà des lois civiles, pour écrire toute loi, même physique. Les lois sont, à l'égard de ceux qui les décident et surtout de ceux qui les écrivent, dans une relation comparable aux gravures à l'égard de ceux qui les fabriquent ; et ceux qui leur sont soumis sont, par quelque côté, à leur égard, dans une relation semblable à celle des observateurs vis-à-vis de la gravure qu'ils considèrent. Ne parle-t-on pas d'ailleurs d'*observer* une règle ou une loi, d'*observer* un temps de répit ou un silence ?

En effet, de même que le dessinateur semble aller, quand il invente, à la rencontre des limites de sa création, sous la forme de règles, de même le législateur qui écrit les lois, qu'elles aient ou non été voulues par une assemblée démocratiquement élue, rencontre les limites des règles et des principes déjà existants, voire seulement sous-jacents. Et, comme celui qui regarde un dessin est à la fois soumis à la volonté de l'inventeur et aux règles qui la gèrent, celui qui considère les lois est sensible à l'impact d'une volonté et à sa limitation par des règles.

Nous sommes désormais en mesure d'indiquer le lieu et la fonction que Bentham assignait à la *nomographie* [1], qui permet une critique de l'autorité dans son caractère diffus, rampant et horizontal, celui des micro-pouvoirs – dont parle Foucault – qui dissimule et rend possible l'éclat de la souveraineté. Bentham a mis en évidence une sorte d'*inconscient des lois*, qui leur fait dire, si l'on n'y prend garde, le contraire ou qui, du moins, les fait différer de ce qu'elles veulent dire ou de ce qu'on croit qu'elles veulent dire. Il est clair que l'autorité réside dans cet inconscient des lois, qu'elle est autant et peut-être essentiellement dans la partie masquée de nos volontés ; que cette partie masquée est beaucoup moins chaotique que l'on pourrait croire et qu'elle est tramée par des éléments symboliques extrêmement réglés, quand bien même nous en ignorerions spontanément les règles. Le verso des règles, qui est essentiel à leur autorité, n'est pas moins systématique que leur endroit. La face nocturne des lois n'est pas moins réglée que leur face diurne. Déchiffrer cette symbolique pour savoir ce que nous enfouissons sans vouloir le savoir, est la tâche de la

---

1. Qu'on appelle parfois aujourd'hui *légistique*, désignant, par ce terme, le même art d'écrire les lois qui régissent positivement les sociétés.

nomographie, que l'on assimile, aujourd'hui, trop facilement à la seule linguistique [1].

Essayons de faire quelques hypothèses sur une nomographie qui serait une science de l'autorité horizontale, la moins visible. La discipline est encore l'aspect le plus apparent de cette autorité puisqu'elle s'énonce en règlements ; mais il est d'autres aspects de l'autorité qui ne s'énoncent pas avec la même clarté minutieuse et ne font que « travailler sous la loi », selon l'heureuse expression de Bentham. Il faut analyser comment l'autorité s'inscrit au cœur du symbolique.

La nomographie est, pour les lois, l'équivalent de l'ichnographie pour les images. Simplement, les fautes de nomographie ont des conséquences plus graves que les fautes d'ichnographie, puisqu'une virgule dans un texte peut nous rendre justiciables ; pour le reste, elles dissocient et dressent les lois les unes contre les autres, comme les fautes d'ichnographie disloquent les tableaux quand on néglige leurs règles de fabrication ou lorsque l'unité de leurs espaces se trouve compromise.

La nomographie s'installe au centre de gravité de trois pôles. Il y a *d'abord* la loi, que le législateur a la volonté d'instaurer : mais ce n'est pas parce qu'on veut écrire une loi que cette loi sera écrite comme on la veut. La loi échappe à ceux qui la font et elle ne dit pas exactement ce qu'ils veulent dire, quoiqu'ils la fassent. Il y a *ensuite* la situation qu'il s'agit de régler et d'organiser ; aucune situation n'est d'emblée juridique et il faut qualifier ou déterminer cette situation, désigner

1. Les rares travaux qui s'aventurent sur ce terrain aujourd'hui, comme ceux de Frederick Bowers, sont essentiellement linguistiques. Voir, en particulier, son ouvrage, *Linguistic aspects of legislative expression*, Vancouver, University of British Columbia Press, 1989.

ses objets, ses points d'ancrage, toujours fluctuants, constitués par nos mœurs, nos sciences, nos idéaux, lesquels donnent lieu à des attitudes contradictoires que l'on doit pourtant tenir ensemble et rendre au mieux cohérentes. Si le droit n'est pas à sa façon une pensée du réel, il se discrédite ; mais, en même temps, les lois ne portent jamais tout à fait sur ce que le législateur imagine traiter.

Enfin, il y a le langage qui, par son double chaînage de signifiants stables et de signifiés qu'il est impossible de fixer durablement, traverse et exprime toutes les contradictions précédentes, non sans ajouter les siennes propres. Le temps crée, en passant, toutes sortes de distorsions entre les signifiants et leurs signifiés ; d'inévitables équivoques se développent car les constituants des signes n'ont pas la même historicité. Il est intéressant, à cet égard, de remarquer comment les lois françaises de 1994 en bioéthique usent de la notion de *personne*, en jouant constamment une acception contre l'autre, et en permettant, par là même, les hypocrisies les plus variées. On passe sans crier gare de la version hobbesienne à la version kantienne. Celle-là assimile la personne à un masque qui unifie les divers actes, sentiments, œuvres que l'auteur est censé faire, éprouver ou fabriquer ; celle-ci insiste sur l'autonomie et la liberté. Ainsi paraît-on tenir à la personne comme à un principe et couvre-t-on en son nom toutes sortes d'actions qui la contredisent ; mais alors pourquoi ne pourraient-elles pas se dire d'une manière moins cryptée ?

Certes on peut toujours rêver d'un droit qui dirait exactement ce que le législateur projette, qui ne masquerait rien de la réalité, levant toute ambiguïté, toute obscurité, empêchant toute dérive des signifiants et des signifiés ; mais on ne peut compter sur un tel résultat en se réglant sur quelques grands principes, comme les droits de l'homme, lesquels, sous

L'autorité des choses, masque de l'autorité des personnes.
Autorité et symbolique

Il est temps de revenir sur ce que le détour par les objets nous a déjà permis d'acquérir sur la notion d'*autorité*. L'autorité est bien l'art d'imposer des règles en s'interposant entre elles et les hommes, ou celui de se servir de ces règles pour les déplacer quelque peu, pour faire franchir aux hommes une autre étape ou une autre configuration politique et sociale ; elle ne peut toutefois remplir ce rôle qu'en se donnant, au moins partiellement, comme autorité de la chose – texte, institution, constitution. C'est sous le masque de la chose que le symbolique parvient le mieux à se déguiser et à assurer le mouvement de retour qui paraît s'imposer à celui qui le considère, comme s'il jouait son jeu séparément. Mais si, sous la figure de la chose et profitant de son aplomb, l'autorité nous en impose, c'est sans doute parce que, par quelque côté, tout symbole est chose[1] : il faut bien un signifiant, un symbolisant pour que le symbole soit ; c'est aussi, plus profondément, parce que la chose ne peut se constituer (qu'elle soit elle-même sentie, perçue, ressentie ou remémorée, qu'elle s'adresse à notre compréhension ou à notre vouloir), que par la symbolique de l'expression et que cette expression se dissimule elle-même, comme le montre, dans le sillage de Hobbes et de Locke[2], toute une lignée de penseurs audacieux. Si la constitution des

---

1. Le glissement de l'un à l'autre est la leçon de Sextus Empiricus, qui la donne de façon magistrale à propos des mathématiques. Les notions mathématiques, même les plus élémentaires comme le point, la droite, la surface, etc. ... fonctionnent comme des réalités mais sont des constructions fictives.

2. Comme Berkeley (*Essai pour une nouvelle théorie de la vision*, § 46, 47, 49, 50, 51), Hume, Bentham, Stuart Mill.

choses, par lesquelles les affaires humaines se dissimulent, est fondamentalement symbolique, c'est parce que le symbole peut s'opposer à lui-même, se tourner contre lui-même, fabriquer les écrans et les détachements dont l'autorité a besoin, tout en dissimulant qu'il le fait.

L'autorité de l'auteur paraît couvrir l'autorité plus profonde du symbolique. Elle est la puissance déguisée du symbolique qui se donne à travers la figure encore mystifiée de l'auteur. Il est probable qu'il vaut mieux parler de l'autorité du symbolique, plutôt qu'invoquer l'autorité de l'auteur ou de son œuvre, même en concevant l'un et l'autre comme des fictions.

C'est du côté du symbolique, du langage entendu en un sens élargi, que l'autorité trouve son unité. Il n'y a d'autorité que pour un être de langage, parce que, qu'on le parle ou qu'on l'écoute, seul le langage est artisan de cette impression de transcendance. Parler, c'est toujours détourner l'attention des mots que l'on utilise et donner l'impression que l'on parle d'autre chose que des produits des mots eux-mêmes, comme si ce qu'ils ont fait surgir pouvait s'en détacher et exister comme pour lui-même en revenant vers nous. Le langage est artisan du point de rebroussement qui fait que les choses paraissent venir ou revenir à nous par son truchement. Nous nous créons sans les vouloir les conditions du retour de ce que le symbolique paraît projeter à l'extérieur. Il nous faut établir désormais plus fermement le rapport de l'autorité et du langage.

L'analyse de Kojève peut nous servir sur ce point. En effet, influencé par la phénoménologie des années 1940 et par la sociologie de Max Weber, l'auteur recherche des types purs, simples ou élémentaires d'autorité (p. 67) [1] et il en trouve quatre. L'autorité qui lui paraît la plus essentielle est celle du père (ou de la mère, mais celle-ci est toujours traitée entre parenthèses) sur ses enfants ; à ce type d'autorité se rattachent quelques autres comme l'autorité des vieillards sur la jeunesse, l'autorité de la tradition et de ceux qui la détiennent, l'autorité d'un mort (rien de plus respecté qu'un testament [2]). Le deuxième type pur d'autorité est celui du maître sur l'esclave ; à ce type se rattachent l'autorité du militaire sur les hommes du rang ou sur les civils, celle du vainqueur sur le vaincu et quelques autres encore. Vient ensuite l'autorité du chef sur la bande, dont il relève, non sans quelque irrévérence, toutes sortes de variantes (l'autorité du supérieur sur l'inférieur, l'autorité du professeur sur l'élève, l'autorité du savant, du technicien, du devin, du prophète). Enfin, Kojève repère celle du juge, dont les variantes sont l'autorité de l'arbitre, du contrôleur, du confesseur, l'autorité de l'homme juste ou estimé tel.

1. Max Weber avait théorisé la notion d'*Idealtype* dans ses *Essais sur la théorie de la science* (Paris, Plon, 1965, p. 179-187). Dans *Le savant et le politique* (Paris, Plon, 1959, p. 113-116), comme on pouvait s'y attendre, Weber propose lui-même un classement des divers types d'autorité qu'il conçoit comme autant de façons de justifier la domination : l'autorité du pouvoir traditionnel, l'autorité du chef charismatique, et puis l'autorité qui s'impose en vertu de sa «légalité» supposée en raison de la croyance en la validité d'un statut légal et d'une compétence «positive» fondée sur des règles établies rationnellement.

2. Kojève, en accord avec une remarque d'A. Smith, note que «d'une manière générale, l'homme a plus d'autorité après sa mort que de son vivant : le testament a plus d'autorité que l'ordre donné par l'homme encore vivant; une promesse lie plus après la mort de celui à qui elle a été faite; les ordres du père mort sont mieux respectés que ceux qu'il donnait de son vivant, etc. » (p. 67).

Sans doute, cette réduction à un très petit nombre de types purs d'autorité, dont l'effet est de forcer des regroupements, est suspecte. Mais nous ne retiendrons ici que deux points principaux, l'un que Kojève a très bien vu puisqu'il le thématise, de façon telle d'ailleurs qu'il aurait pu se passer de parler de « type pur »; l'autre, qui marque le point de départ d'analyses qui auraient pu être subtiles si Kojève ne s'était contenté de les esquisser.

Commençons par ce que Kojève voit très bien. Il remarque qu'aucun type d'autorité, fût-il un type pur, ne fonctionne sans s'articuler aux autres types d'autorité, ni sans les faire fonctionner comme masques de soi. Par exemple, le chef militaire joue volontiers la carte du paternalisme; un père se campe volontiers en homme droit et équitable[1], etc. Kojève montre comment l'autorité articule des masques entre eux, de telle sorte que défaite ou mise en difficulté sur un point, il lui en reste toujours d'autres. Comme le langage ne fonctionne que par différences, un mot ne prenant son sens que par rapport à un autre, un son n'étant perçu que par rapport à un autre, l'autorité ne peut fonctionner, en quelques cas singuliers, qu'en jouant plusieurs aspects d'elle-même. Kojève atteint l'idée que l'autorité fonctionne symboliquement. On se demande alors simplement pourquoi il s'est mis à distinguer des types positivement purs dont il n'avait pas rigoureusement besoin; le résultat qui lui importait était précisément qu'aucun type n'est pur et que chacun n'existe, au contraire, que par ses articulations. L'autorité est plutôt dans le passage d'un masque à

1. Lacan convient qu'il est nécessaire au père de se masquer : « les effets ravageants de la figure paternelle s'observent avec une particulière fréquence dans les cas où le père a réellement la fonction de législateur ou s'en prévaut », *La question préliminaire*, p. 57.

l'autre ; se fragilisant dès qu'elle s'arrête à un seul ou dès lors que son fonctionnement même l'a contrainte à se simplifier et à avouer sa véritable nature. Si l'autorité ne jouait sur de multiples tableaux, elle se mettrait en péril ; elle l'est d'ailleurs de façon très inquiétante quand elle a restreint le nombre de figures avec lequel elle joue. Dès lors, plutôt que prendre au sérieux la plainte de Kojève, selon laquelle presque personne n'a jamais essayé de définir l'autorité, il vaudrait mieux prendre à bras le corps son idée d'explorer les types de relations entre les masques dont on vient de parler et qu'il finit par associer par trois ou quatre. On obtient alors des combinaisons du style Père Chef Maître Juge ou Chef Père Maître Juge, etc. Sans avoir découvert le recouvrement de masques, de fonctions, de rôles, par d'autres, puisque Hume, sur le cas des hommes politiques (comme Walpole), ou Nietzsche avaient bien exprimé l'idée, Kojève s'est au moins avancé à penser l'autorité en termes de *structures* qui, lisibles de plusieurs façons, rendaient inutiles les types purs de la phénoménologie.

Mais il est un deuxième biais, seulement esquissé, qui nous permet d'accéder plus authentiquement à la nature et à la constitution symbolique de l'autorité. Kojève s'en est moins occupé que du précédent.

La figure du père est essentiellement la figure de la *transmission*, l'hérédité recouvrant l'héritage des valeurs. Dans un fragment assez connu, Pascal ironise sur ceux qui prétendent croire que l'amour paternel est naturel et qui néanmoins craignent contradictoirement qu'il ne se perde : ce par quoi ils signifient qu'ils ne sont pas dupes de cette naturalité imaginaire. Le père est fondamentalement celui qui transmet un nom. C'était l'argument essentiel que Lacan opposait au récit mythique sur l'origine du père, que Freud, dans *Totem et tabou*, figurait sous les traits du chef de horde, accaparant

toutes les femmes, menaçant et persécutant tous ceux qui
oseraient s'en approcher; il n'est de père que par le nom du
père. La paternité est un phénomène de langage. Avoir un nom
à honorer, pour un enfant, fils ou fille, c'est transformer ce qui
a été légué en une espèce d'avenir. C'est avoir l'impression
que quelque chose nous est donné à faire, qu'on nous a légué
quelque chose, difficile à identifier, pour que nous le léguions
nous-mêmes. Le nom est une valeur de transition. On ne
saurait dire ce qui nous a été légué, on ne saurait dire ce qu'on
lègue; le nom est un vide à remplir, il est un appel à honorer et à
déterminer. L'autorité se joue dans ce passage : il faut que
quelque chose ait été attendu de nous dans le passé pour que
nous soyons en mesure à notre tour d'assurer une transmission.
C'est au moment où l'on s'apprête à se faire un nom que l'on
en hérite. Le nom propre, plus encore que le nom commun,
fait bien comprendre ce qu'est l'autorité : elle ne se définit
pas mieux que lui; on est plus sûr de son passage que de son
essence. Il faut dire de l'autorité ce qu'Aristote dit de l'occupation d'un lieu : qu'on n'est jamais sûr de son existence qu'une
fois qu'elle est passée. Je sais que quelque chose m'a été légué
au moment où je dois moi-même transmettre des valeurs. Le
jeu de la chose et du symbole est particulièrement visible dans
le cas de l'autorité paternelle : elle prend ici l'allure de l'hérédité et de l'héritage, l'hérédité masquant la fragilité de l'héritage; l'héritage masquant le peu de certitude et d'efficace de
l'hérédité [1].

---

1. Hume ironisait sur le peu de certitude qu'avait un homme d'être le père
d'un enfant. Apparemment les choses n'ont pas changé; et les tests d'ADN ont
plutôt confirmé l'hypothèse humienne.

Lorsqu'il traite du chef, Kojève fait ressortir qu'il « l'est devenu parce qu'il a vu plus loin que les autres, qu'il était seul à avoir conçu le projet »; qu'il est parvenu à le faire croire ou qu'on le croit de lui. Cette avance prise sur autrui le justifie comme chef et lui confère son autorité; ou, du moins, elle paraît le justifier ou la conférer. L'autorité du professeur, celle du savant, sont de nature analogue. Cette figure est celle de la tension du présent avec l'avenir, et d'une certaine commensurabilité entre les deux. Le chef, le professeur, le médecin sont gratifiés, sans beaucoup de preuves mais très efficacement, d'une certaine incarnation de ce qui ne sera jamais atteint que dans l'avenir par celui qui, précisément, n'habite pas encore ce point ou ce lieu. On peut parler de *symbolique* parce qu'il y a impossibilité, au moins provisoire, de prendre et d'habiter certains points, mais l'apparence même qu'on les prend fonde déjà une efficacité sociale considérable. On comprend évidemment ici que le langage permet ces prises de position.

Le juge est aussi celui qui est promu dans la position de celui qui sait. En cas de différend entre deux partis, ou entre un justiciable et une loi, il fait comme s'il existait entre un homme et un autre, entre la loi et le cas concret, une position qu'il est seul à pouvoir définir. Là encore, c'est le langage qui permet de prendre cette position, laquelle n'existe pas réellement. Ce sont des abstractions, des positions supposées, mais jamais prises en réalité, quoiqu'elles soient effectives, qui constituent l'autorité. Jamais personne ne l'exerce par le simple fait de son individualité empirique, sans invoquer ces abstractions imprenables et efficaces dans ces rôles parce qu'elles sont imprenables. De même que les morts ont plus d'importance que les vivants par l'espèce de culte qu'on leur rend, dans la transmission des valeurs, les fictions ont plus d'importance que les entités réelles pour l'efficacité de l'autorité. Le paradoxe est que c'est parce que les positions sont imprenables et donc, qu'elles devraient être le plus contestables, qu'elles le sont le moins, leur caractère imprenable les mettant à l'abri de toute contestation. L'autorité est l'impact de positions imprenables sur le réel.

Je laisse de côté la figure hégélienne du maître, dont l'analyse montrerait facilement qu'elle est tout aussi symbolique que les autres, quoique par un autre tour, car la lutte à mort ne doit tout de même pas aller jusqu'à son terme ; il faut que le maître réussisse à faire croire à celui qui deviendra esclave qu'il serait, lui, allé jusqu'au bout, si le conflit s'était prolongé ; et que l'esclave ne doit son esclavage qu'à sa lâcheté. Toute la maîtrise est dans cette fiction conditionnelle.

Conclusions

1) Qu'il y ait constamment un remaniement des masques, que le mouvement de transmission, de délégation, soit l'essentiel du processus de l'autorité, est une évidence, mais cela ne veut pas dire que l'autorité s'effondre et n'existe plus. Elle ne cesse de tourner d'une figure à une autre. Il n'est pas sûr qu'il faille croire les partisans et défenseurs de l'autorité – qu'ils l'exercent ou qu'ils s'y soumettent – quand ils déplorent sa fin : les lamentations d'un pouvoir et de ses thuriféraires ne doivent pas nous abuser et elles peuvent n'être qu'une ruse pour qu'on détourne les yeux d'une corruption ou d'une impuissance tout à fait réelles, qu'une tartufferie des pouvoirs pour se conserver au prix d'un chantage. La « fin de l'autorité » est le syntagme qui exprime l'allure que prend l'historicité d'un processus interminable envisagé ponctuellement. L'autorité n'a pas plus de fin qu'elle n'a de début. Le psychisme est une machine à fabriquer de l'autorité ; s'il cessait de le faire, on entrerait

aussitôt dans un monde de psychose généralisée. Que l'autorité vive dans le risque ne doit pas inquiéter sur son existence : il n'y a jamais d'autorité que menacée ; ce n'est pas parce qu'elle n'est pas absolue qu'elle entre dans un déclin qui la conduit irrémédiablement à l'inexistence. Il en va de l'autorité comme de la mesure. Toute mesure réellement faite fait croire à une mesure absolument exacte enfermée dans les choses, mais qu'on n'égalera jamais ; or cette mesure n'existe pas plus que l'autorité absolue.

2) L'autre illusion qui porte à parler de « fin de l'autorité » consiste à ne poser la question de l'autorité qu'en termes de liberté et de renoncement à la liberté (Kojève, p. 66). Or l'autonomie n'est ni la catégorie unique, ni la catégorie centrale de l'autorité. La manifestation et la force d'instauration sont aussi fondamentales ; l'autorité est le mensonge instaurateur sans lequel il n'y aurait pas de vie sociale ni même de vie tout court possible. Ce n'est pas le point de soumission qui est intéressant ; c'est le point d'inflexion où le moi crée de l'autre apparemment hétérogène, crée de l'objet. L'autorité ne s'effondre pas parce qu'on ne croit plus que le politique soit scandé par un contrat, ou par des élections ou seulement par quelque autre pacte de soumission ; l'autorité s'enracine beaucoup plus profondément dans la structure psychique et elle ne doit pas être confondue avec les stratagèmes de recouvrement qui mettent en scène des êtres conscients et voulant. La perte des oripeaux n'est pas forcément la perte de la chose même.

3) La troisième conclusion repère une affirmation de Kojève pour la corriger quelque peu. L'auteur de *La notion d'autorité* dit qu'il y a quatre théories distinctes de l'autorité que nous devrons croiser de nouveau : a) une théorie théologique ou théocratique ; l'autorité primaire et absolue appartenant à Dieu, toutes les autres autorités en étant dérivées.

b) La théorie socratique qui entend mettre l'autorité au service de valeurs qui doivent la dominer, comme la justice. L'autorité n'est pas légitime parce qu'elle est autorité ; elle ne crée pas sa propre légitimité ; elle n'est légitime que par d'autres valeurs qu'elle-même. Une autorité qui chercherait à être légitime par elle-même serait une pseudo-autorité et devrait être dénoncée comme n'étant pas autre chose qu'une force maquillée. C'est ce que défend Socrate. Je crois avoir esquissé mon désaccord avec cette perspective : il y a création spécifique de valeur par l'autorité. D'ailleurs toute valeur ne peut s'imposer parmi d'autres que par la voie de l'autorité. c) Aristote, contre Platon, avait vu que l'autorité était une valeur spécifique qui reposait sur la sagesse, sur le savoir, sur la possibilité de prévoir, de transcender le présent immédiat. Nous avons suffisamment marqué notre préférence pour cette thèse, pourvu qu'on approfondisse le lien que l'autorité entretient avec les autres valeurs. d) Enfin, Kojève fait état de la thèse hégélienne qui réduit le rapport de l'autorité à celui du maître et de l'esclave (du vainqueur et du vaincu), le premier ayant été prêt à risquer sa vie pour se faire « reconnaître », le second ayant préféré la soumission à la mort. Il faut, pour être juste, ajouter que l'hégélien, sur ce point, s'est montré très critique à l'égard de son auteur : il reconnaît que, si Hegel explique bien le pourquoi de l'autorité du maître sur l'esclave, on peut lui reprocher de ne faire de théorie correcte que d'un type particulier d'autorité, en délaissant complètement les autres types d'autorité (celle du juge, du professeur, du médecin, du chef, du père, etc.) [1].

Le commentaire fait par Kojève est nettement insuffisant quand il cherche à établir que ces quatre théories de l'auto-

---

1. Voir *La notion d'autorité*, p. 71-72.

rité sont exclusives les unes des autres, et fausses dans leur exclusivité[1]. Je remarquerai simplement qu'il y a, pour rendre compte de l'autorité, une autre théorie que nous pourrions appeler *théorie des fictions*, qui vise à repérer, en chaque cas d'autorité, ce qui est tenu pour réel et ce qui est tenu pour fictif; la relativité de l'un et de l'autre étant très grande. Car il faut envisager l'autorité comme une fiction.

DYNAMIQUE ET LOGIQUE DE L'AUTORITÉ

Pour s'instruire de l'autorité, même en philosophie, il faudrait commencer par interroger les noms divins. Bien avant que Denys l'Aréopagite et Saint Thomas d'Aquin aient consacré leurs ouvrages à cette question, qui peut paraître si chétive au premier abord, des noms divins, le christianisme a fait ressortir que l'autorité de Dieu est celle d'un nom, et non celle de quelque puissance physique, fût-elle immense ou infinie. Irénée de Lyon, en filant l'analogie avec le politique – ne se soumet-on pas au pouvoir sans avoir jamais vu le souverain? –, souligne que «tous les êtres sont soumis», non pas au Très-Haut et au Tout-Puissant, comme s'il se fût agi d'une dépendance physique suprême, mais « au Nom du Très-Haut et du Tout-Puissant »[2]: «Les hommes vivant sous le commandement des Romains, quoique n'ayant jamais vu l'Empereur et étant même considérablement éloignés de lui par les terres et par les mers, connaissent pourtant, par la domi-

---

1. Voir *La notion d'autorité*, p. 66-88.
2. Irénée de Lyon, *Contre les hérésies*, trad. fr. A. Rousseau, Paris, Le Cerf, 1991, II, 6, 2.

nation qu'il exerce, celui qui détient la suprême autorité ». « De
même que, sans l'avoir vu, tous les êtres n'en sont pas moins
soumis au Nom de notre Seigneur; de même le sont-ils
également au Nom de Celui qui a fait et créé toutes choses ».

Le mouvement de symbolisation de l'autorité – dont la
paternité est l'un des paradigmes avec le maître, le seigneur, le
juge, le rémunérateur, le confident – peut-il être transcrit dans
les termes plus rationnels d'une dynamique psychique? La
spiritualisation de l'autorité, qui paraît s'éloigner de toute
force physique, garde-t-elle quelques rapports à la force,
lesquels et à quelle(s) force(s)?

La dynamique psychique

On peut établir un lien entre l'attitude très fermée de Hegel
à l'égard des essais de dynamique psychologique [1], qui n'ont
pas manqué au XVIII⁰ siècle, et le niveau modeste auquel il a
conduit la pensée de l'autorité. Au contraire, quand un auteur a
le souci de mener à bien une telle dynamique, il a toutes les
chances de développer une théorie très déliée de l'autorité. Il
nous paraît que, pour s'apercevoir de la profondeur de la
notion d'*autorité*, il ne faut pas répugner à la considération des
forces psychiques. Freud a tenté, à titre d'hypothèses et en
prenant toutes sortes de risques, de considérer le jeu des forces
psychiques, dans le sillage des analyses fines et tout aussi
hypothétiques qui en étaient faites au XVII⁰ siècle, par Locke,
au XVIII⁰, par Hume et au XIX⁰ siècle, par Bentham. La
difficulté est de savoir comment, engagés dans le jeu des forces
physiques, les psychismes parviennent à se constituer une
enceinte de forces symboliques qui leur permet de gagner une

1. Voir les premières lignes de la *Théorie de la mesure*, Paris, PUF, 1970.

espèce d'autonomie. Car les forces psychiques ne fonctionnent pas comme les autres forces physiques et leur dynamique est celle de l'autorité plutôt que celle des forces physiques. Les philosophies, que l'on a coutume d'appeler « empiriques », parce qu'elles refusent de poser toute structuration *a priori* de l'esprit comme une donnée élémentaire et naturelle, ont l'ambition de montrer comment se constitue graduellement et historiquement ce que nous croyons être un fonctionnement autonome de l'esprit, qui s'imagine en place depuis toujours. Nous voulons montrer comment le refus de prendre pour argent comptant que les esprits sont en quelque sorte donnés à eux-mêmes, et le fait qu'ils doivent se constituer selon un développement relativement indépendant de la pression des choses, impliquent une exigeante philosophie de l'autorité dont nous voulons tracer les contours.

La fabrique de l'autorité. L'autonomie n'est pas un principe ; elle est un résultat

Locke a montré comment nous étions abusés par les idées innées, celles que nous croyons avoir en naissant, tant elles sont simples et paraissent aller de soi. En réalité, toute idée nous vient de l'expérience, que celle-ci nous soit intérieure ou extérieure. Simplement, de certaines idées que nous avons, nous perdons toute trace de la date d'acquisition. Nous avons complètement dissocié le contenu de certaines idées du ou des choc(s) des circonstances qui ont été nécessaires à leur formation. Nous pouvons ôter aux idées le caractère événementiel qui les lie à ces circonstances. L'avantage de ressentir un oubli, peut-être extrêmement actif quoiqu'il soit apparemment subi, comme une présence immémoriale, ou, si l'on préfère, le bénéfice de changer ce qui fut un événement en habitude archaïque, c'est d'offrir au psychisme l'impression d'un fonctionnement autonome qui paraît ne rien devoir à l'extérieur et n'en pas dépendre. L'esprit, agissant avec toutes sortes de matériaux par lesquels il se confectionne lui-même, veut oublier cette transformation et faire comme si les idées qui paraissent lui venir du fond de lui-même étaient heureusement et sans effort particulier à l'unisson de ce qui lui vient de l'extérieur et qu'il veut penser par leur moyen. Les idées innées sont le produit d'un travail que l'esprit se masque à lui-même. Il y parvient en inversant le sens d'écoulement de la vie psychique ; ce qui paraissait lui venir de l'extérieur semble, avec une force comparable, qui l'assure de sa cohérence, venir désormais de lui-même. Faire du soi avec de l'autre est possible par le jeu d'une simplification et d'une inversion temporelle dont Hobbes, suivi sur ce point par Freud, au chapitre VII de *L'interprétation des rêves*, avait montré la possibilité, à propos du travail psychique du sommeil et du rêve. Notre psychisme est un être pour l'autorité, que ce soit pour la fabriquer ou pour la recevoir, parce qu'il peut inverser le jeu des forces.

Mais il faudrait se garder de croire que l'activité du jugement, qui porte à affirmer des idées et des relations d'idées comme vraies ou comme fausses, quoiqu'elle soit issue de cette activité *sui generis* et autonome de l'esprit qui se constitue, en réorientant et réorganisant les forces, ne soit que le reflet et l'expression, plus ou moins affaiblis, de ce jeu de forces. L'effet de vérité ne s'obtient jamais qu'en retournant par de multiples « réflexions » le jeu de forces sur lui-même. Les forces vives des sensations sont devenues des forces potentielles de l'idée, lesquelles sont sans doute beaucoup moins vives ; elles compensent alors leur manque de vivacité par des forces symboliques, qui sont capables de contrecarrer la vivacité des sensations et de transformer ces sensations en événements moins importants que la position d'idées pourtant

formées à partir de celles-ci. Prenant l'exemple des proba-
bilités, Locke montre que l'esprit est d'emblée porté à
commettre, selon une espèce de principe d'inertie, des fautes
grossières, qu'il corrige toutefois en conservant quelque chose
de l'élan primordial qui le porte à forger ses fantasmes de
probabilité et d'espérance. Locke sait que le vrai n'est pas la
simple expression de la dynamique et comme son prolonge-
ment idéal ; sinon il faudrait croire que ce qui est le plus ancien
et ce qui a le plus duré est, par conséquent, le plus vrai ; que les
partages, dans un jeu, se font au prorata des parties gagnées et
perdues. Or c'est faux. Les forces lancent vers des objets
fictifs, mais ceux-ci doivent encore être remaniés, rectifiés,
ciselés par d'autres forces, internes et externes, pour être vrais
ou simplement perçus avec vérité. La « symbolisation » des
forces, qui coïncide avec une mise en réserve et qui permet de
constituer une disponibilité plus grande à l'égard du harcèle-
ment des sensations, correspond à une économie de force vive.

La généralisation humienne et benthamienne

Comme à l'ordinaire, Hume va généraliser le processus
lockéen et l'étendre aux idées abstraites, aux substances, aux
affects ; bref à la quasi intégralité de ce qui constitue les
matériaux et les processus psychiques.

Les idées abstraites sont le produit d'un étrange renversement qui fait que les idées particulières, seules « réelles », nous
apparaissent spéculairement comme les cas particuliers d'un
fantasme, d'une croyance de l'imagination que nous avons,
mais qui paradoxalement paraît plus réelle que ce qui a permis
sa confection. On saisit ici, dans le principe, la formation d'une
autorité : le renversement de l'inexistant en quelque chose qui
est plus réel, par sa force symbolique, que les existants qui
l'ont conditionné. Le fait de pouvoir désigner de la même

façon des objets plus ou moins semblables, porte à croire que le langage désigne ou exprime un être véritablement transcendant et que, à rebours, cette transcendance, plus existante que ce qui lui a donné naissance, ne fait que se manifester à travers des cas particuliers qu'elle fait apparaître comme sporadiques et, en définitive, d'une plénitude ontologique plus chétive que ce qui l'a réellement rendue possible.

La machine à constituer de l'autorité est encore à l'œuvre dans la position des substances, qu'elles soient matérielles ou spirituelles. En effet, d'un processus qui est une suite d'événements singuliers, qui se déroulent les uns après les autres, l'esprit, par un radical renversement, pose une stabilité dont il n'a aucune expérience et fait comme si le mouvement des événements successifs n'était que celui des accidents ou des attributs d'une chose stable. Comme dans le cas précédent de l'idée générale où l'esprit déléguait la fonction d'unifier du semblable, dans le cas présent de la substance, il délègue la fonction d'identifier, faisant comme si le produit de l'identification était plus réel que ce qui a permis l'identification. Par cette activité d'identification inversante, l'esprit se constitue un lieu irréel, inhabitable, invivable où il peut néanmoins se figurer en position stable et fantasmer son autonomie.

Nous avons, dans le principe, ce qui constitue le phénomène d'autorité ; et nous ne savons plus, à travers le système de délégations dont parle Hume, si c'est la machine politique de l'esprit qui fabrique des idées abstraites et des substances ou si la délégation ne peut devenir l'instrument privilégié de la politique que parce que le geste en est acquis sur le terrain cognitif et pratique de sa propre constitution. L'affinité est saisissante entre les processus qui fabriquent la délégation et ceux qui produisent l'autorité.

Dans un texte extrait de sa *Chrestomathia*, Bentham résumait d'un trait la thèse de Hume sur la cause en disant qu'elle était une figuration et, de toute façon, une entité fictive de l'autorité, estimée plus réelle[1]. Et, en effet, si on loge spontanément la cause dans les choses mêmes, sous prétexte qu'on en attend la reproduction semblable à l'avenir ou qu'on suppose qu'elles se sont déjà produites ainsi alors que nous n'étions pas là pour les considérer, un peu de réflexion suffit pour comprendre que la liaison de causalité est toujours interne à l'esprit, dans un jeu de sensations et d'habitude interne. Cette liaison est fantasmée comme étant celle de choses à l'égard d'autres choses, alors qu'elle est synthèse complexe de sensations présentes, de souvenirs, d'anticipations.

Mais, qu'il s'agisse de l'idée abstraite, de la substance ou de la cause, il faut toujours, pour que la délégation inversante soit plausible, qu'elle soit liée et avivée par quelque sensation qui, par sa force infiniment plus grande que toute idée, lui fournit la vivacité qui lui convient pour être rendue crédible. La délégation doit s'alimenter à une source qui la vivifie ; pour que l'inversion soit crédible, il faut qu'elle paraisse venir d'une sensation. On n'accorde pas sa croyance à ce qui n'est pas vivifié par une source hétérogène à celle de l'esprit, quand bien même une hétérogénéité absolue n'existerait pas.

Les affects donneraient lieu à la même analyse, dans la mesure où, chez Hume, ils ne sont nullement livrés par nature, quoique leur vivification donnée par les impressions donne faussement lieu de le croire, mais où ils sont contractés par ce

---

1. « La cause, quand le mot est utilisé dans son sens propre, est le nom d'une entité fictive ; si vous voulez le nom de l'entité réelle qui lui correspond, substituez le mot *auteur* au mot *cause* », *Chrestomathia*, Cahiers de l'Unebévue (2004), p. 324-325.

qu'il appelle *sympathie*; c'est-à-dire par l'illusion que nous pouvons nous mettre à la place d'autrui et sentir comme il sent. Ce qui est tout à fait impossible, mais non sans effet symbolique, car c'est bien la croyance que l'autre sent comme nous qui nous fait participer à la confection du social, parce que nous croyons être à des positions réellement imprenables certes, mais qui, parce que nous les imaginons prises, nous font agir, non pas comme si nous les occupions vraiment, mais de telle sorte qu'elles fabriquent la communauté, ou, comme on disait à l'âge classique, la *justice*. L'affectivité est une immense entreprise d'imagination que nous sentons ou, du moins, car nous ne pouvons nous faire d'illusions sur l'effectivité de notre sentir, que les autres ont des sentiments réels. L'*Histoire d'Angleterre* montre comment toute société produit des stéréotypes de sentiments auxquels chacun se conforme par une sorte d'identification : les sentiments nous font autorité, plutôt qu'ils ne sont ressentis immédiatement. Très sensible à cet aspect, Bentham retiendra qu'il faut distinguer entre la primarité des sentiments et leur secondarité : la crainte, ressentie politiquement ou sur le terrain juridique, n'est pas une crainte immédiatement ressentie ; ce qui est immédiatement ressenti sous le nom de *crainte* (en un sens politique ou juridique) est constitué de sentiments fort divers, qui s'identifient à cette crainte fictive quoiqu'ils ne soient pas directement identiques à celle-ci [1]. Cette identification est moins une réalité qu'une image que chacun se figure être dans la tête des autres.

---

1. Voir J. Bentham, *Works*, Edimbourg, Bowring, 1843, VII, 48 : « In the case of fear, the emotion itself, the psychological (and that a pathological) fact, constitutes but the second link of the evidentiary chain ; the first link was constituted by the physical symptoms from which that psychological fact is inferred ».

Ainsi tous les matériaux psychiques sont susceptibles d'une analyse comparable. Le problème qui se pose est de savoir pourquoi cette mécanique de l'autorité est acceptable dans certains cas tandis qu'elle ne l'est pas dans d'autres. On peut bien attaquer certaines idées générales mais toutes ne sont pas également attaquables; on peut récuser la substance et la déposséder de toute réalité ontologique mais il faut bien se servir de substantifs. On éprouve des sentiments, fussent-ils des productions artificielles et ne pas éprouver tel ou tel d'entre eux en certaines circonstances passerait pour un incroyable manque de justesse dans l'appréciation des situations. Mais où passe la limite entre une idée bien fondée et une idée qui ne l'est pas? Entre un sentiment légitime et un autre qui ne l'est pas? Où sont les critères qui permettent ces distinctions? Il semble que, dans certains cas, la confection d'autorité convienne et que, dans d'autres cas, fort semblables au demeurant, dans leur genèse, elle ne convienne plus du tout. Comment s'effectue le partage? Comment la même opération, admissible ici, devient-elle condamnable là?

De la force à la valeur

Car les critères de l'acceptable ne suivent pas du tout l'orientation et le sens où nous poussent les forces psychiques. Hume montre les illusions auxquelles nous contraint presque inévitablement la mesure d'un objet. Toute personne qui mesure tend à interpréter l'imperfection de sa mesure comme une différence entre ce qu'elle opère réellement et la « vraie » mesure qui serait recelée par l'objet même, comme s'il s'agissait de gagner sur cette différence, jusqu'à la franchir presque totalement en la réduisant pour ainsi dire à rien; ce qui est tout à fait absurde parce que l'idée de mesure n'a jamais de sens que par rapport à l'instrument que l'on utilise et à la finalité théorique et pratique que l'on poursuit à travers cette mesure. Ainsi, toute mesure fabrique le piège par lequel elle se condamne elle-même; et on ne le déjoue qu'en comprenant que la mesure ne prend son sens que dans une histoire et dans la panoplie actuelle des techniques pour s'y livrer. Le fantasme substantialiste de la mesure enfermée dans l'objet dont on s'approche graduellement, indéfiniment, empêche de comprendre la précision de la mesure comme un rapport complexe entre l'instrument, l'objet mesuré qui dépend de l'instrument, l'intention que l'on poursuit en mesurant. Aucun de ces termes n'est absolu; aucune vérité n'est possible qui ne partage sa valeur avec d'autres valeurs. Hume disait que rien ne pouvait être impératif en morale qui n'était recommandé pour d'autres raisons que le strict devoir; on pourrait, de même, dire que rien n'est vrai en théorie qui n'ait été promu à ce rang pour d'autres raisons que la vérité même. Aucune valeur n'agit, j'entends même spécifiquement, originalement, sans être liée à des valeurs très différentes d'elle-même, c'est-à-dire sans être contrainte de se justifier par d'autres raisons que celles par lesquelles elle est ce qu'elle est. Ainsi la vérité doit-elle sacrifier à des critères comme la pertinence, l'utilité, la priorité, l'urgence, l'intérêt, l'intéressant, la valeur pédagogique ou à toute autre sorte de valeurs qui n'ont rien à voir directement avec elle. La prégnance du pratique sous le théorique, toujours insistante, l'est toutefois plus ou moins, d'un secteur de savoir à un autre et, à l'intérieur de chaque secteur, d'une proposition à une autre [1].

---

1. Une proposition comme la règle de Bayes enferme à la fois l'expression d'un désir et la vérité de sa correction.

De plus, le fantasme substantialiste qui porte à croire que le connaissable existe indépendamment de celui qui connaît, ou qui pose que la mesure existe indépendamment du métreur, est une fausse modestie, qui cache en réalité un exorbitant anthropomorphisme puisqu'il loge inconsciemment nos imaginations dans le réel même.

Mais comment s'opère la sélection du recevable et de l'irrecevable ? C'est-à-dire : comment acceptons-nous ici l'opération d'un concept, d'une métaphore, que nous récusons là ? On ne saurait parler de correspondance avec ce qui est, puisque cette correspondance est impossible. C'est donc par des raisons internes, *index sui*, que tel usage est acceptable et tel autre non. La production des idées abstraites, des substances, des causes est toujours une production de fictions, mais comment distinguer celles qui sont recevables de celles qui ne le sont pas ? La solution est-elle dans la confrontation des valeurs mêmes ? N'est-elle pas dans une sorte d'évolutionnisme des valeurs (idées, images, concepts, affects) qui ferait que certaines d'entre elles émergeraient pour une période transitoire ? On peut tracer une première esquisse de l'idée.

L'autorité comme jeu total et réflexif entre les forces des valeurs

L'autorité se poursuit bien au-delà de la constitution, au moyen d'un sujet qui produit et par une essentielle duperie, un effet retour, pour, à la fois, s'accommoder du monde et trouver un principe de fermeture. Les valeurs ainsi constituées (substances, causes, affects, perceptions, idées, fictions et jusqu'aux critères pour les différencier) sont elles-mêmes en concurrence et en conflit. Chacune se développe selon ses propres forces et selon ses propres armes. Le beau ne lutte pas comme le vrai ; le beau tend à ravir et à l'emporter par la séduction; la force du vrai peut revêtir, quant à elle, des formes extrêmement proliférantes, tantôt fabriquant quasi clandestinement des adjuvants, des auxiliaires et toutes sortes de chevilles pour que les théories, voire simplement des propositions qui prétendent au vrai, puissent s'écrire, tantôt s'érigeant en maîtresse tyrannique et prenant la figure de celui qui sait et qui peut, par exemple, lors d'une annonce dans un cabinet de médecin, faire basculer la vie d'un individu à qui on apprend, contre son sentir même, qu'il est gravement malade [1]. Le Christ avance sans aucune espèce de force physique; on pourrait parler d'une inversion de ces forces et même d'une inversion de l'*augere*. Mais ce que les chrétiens appellent son hypostase, son abaissement, ne laisse pas d'être une force symbolique. Toute circonstance, qui a quelque consistance au moins provisoire, appelle un équilibre fragile et mobile de valeurs; cette tension entre elles, qui dépasse les individus lesquels ne sont plus, pour reprendre le vocabulaire de Hobbes, que des auteurs et des acteurs, est l'autorité. Elle n'a pas à proprement parler d'existence substantielle; elle est, des valeurs, le rapport de forces par lequel elles se maintiennent, se promeuvent, se protègent, se cryptent, s'asservissent et s'altèrent les unes les autres. Aucune valeur, en aucune circonstance, ne reste la même, ne serait-ce que parce que toute valeur est valence, multivalence, c'est-à-dire qu'elle n'existe que liée à d'autres valeurs, sans aucune «pureté», de telle sorte que sa simplicité est une illusion. L'autorité est une espèce de

1. Pascal fait preuve d'une très haute conscience de cette éristique des valeurs qui s'affrontent par des armes qui ne sont pas toujours commensurables, comme on le voit à la fin de la XIIe *Provinciale* : la vérité peut l'emporter sur la force par une «gaieté» particulière; encore faut-il la défendre en développant une rhétorique et une énergie spécifiques.

commensurabilité qui existe entre les valeurs ou entre les effectuations de leur force.

L'autorité requiert des forces psychiques, ou les forces psychiques procèdent par autorité, à la différence des forces physiques. Entendons que ce n'est pas parce qu'elles sont variées que les forces psychiques agissent différemment des forces physiques ; les physiciens sont fort en peine de fondre celles-ci en une seule théorie qui ne soit pas seulement nominale ; elles se mesurent différemment et ne peuvent être réduites à l'unité. Les forces de Coriolis ne sont pas les forces liées à la gravitation, qui ne sont pas les forces de frottements, lesquelles n'équivalent pas aux forces en jeu dans les chocs. Et pourtant on n'irait pas parler, pour désigner ou qualifier leur articulation, d'*autorité* comme on le fait pour les forces psychiques. La différence entre le jeu « autoritaire » des forces psychiques et l'articulation des forces physiques, c'est que cette autorité qui court à travers les valeurs et se structure çà et là en de multiples lieux, se ressaisit elle-même et joue son propre jeu, s'autonomisant et se régulant à la façon dont un tableau qui met en scène une perspective s'autorégule à travers le peintre, des gestes appelant d'autres types de gestes, très différents, néanmoins tenus par des règles et des lois. La façon dont une valeur se protège, se promeut, fait elle-même partie du jeu des forces psychiques. Des centres d'autonomie provisoires se constituent, parfois à la façon dont nous avons vu Hobbes, Locke et Hume constituer l'apparence d'autonomie, consistante au moins un certain temps, d'un sujet. Des forces appellent d'autres forces qui sont plutôt en rapport de réflexion et de correction les unes par rapport aux autres. Nous ne suggérons nullement que la ressaisie ou la réflexion qui nous paraît caractériser l'autorité soit l'équivalent de quelque conscience de soi hégélienne ou de quelque Esprit qui fédérerait les efforts d'autonomie et de constitution de centres. Ce mouvement n'est certainement pas conscient, mais il paraît avoir un sens parce que les divers centres vivent *comme sens* leur confection d'autonomie. Il se peut que l'impression d'unité de l'autorité soit liée au fait que chaque centre vit l'autorité comme son Autre et qu'il lui prête fautivement, parce que son existence est liée à un jeu d'inversions, de subversions, de réversions, une sorte d'intention. Il est probable que d'intention, il n'y ait point. Mais ce jeu n'en a pas moins des effets réels.

Du point de vue dynamique que nous avons adopté, l'autorité est donc le système même des valeurs, ce par quoi elles se mesurent les unes aux autres, se rapportent, chacune à sa façon, aux autres, que chacune a tendance à considérer comme sommées et présentant contre elle-même un front uni. Rien ne peut se faire sans passer par ce système qui est ce par quoi les valeurs, qui sont toutes différentes, deviennent, par une inévitable duplication, valeurs de valeurs.

Ainsi condamnées à la déhiscence, les valeurs sont donc, à la fois, dépendantes les unes des autres et toujours prêtes à constituer des niveaux d'elles-mêmes que nous avons, tour à tour, appelés duplication ou réflexion. Le fait qu'elles se dédoublent ou se réfléchissent n'empêche certainement pas leur lutte permanente : il change simplement les armes qu'elles présentent pour se défendre et se promouvoir. C'est très probablement dans ce double mouvement que se joue la recevabilité ou l'irrecevabilité des valeurs dans leur lutte pour exercer l'autorité.

L'autorité comme fiction

Il importe ici de remarquer que s'attache nécessairement à l'autorité, une dimension fictive et que si celle-ci venait à manquer, celle-là serait inéluctablement ruinée. Certes, il est essentiel de rabattre l'autorité sur ses dates, à la façon dont Locke démasquait les idées innées comme étant des idées dont on ne voyait pas la temporalité ou dont la datation et la durée restaient masquées. Mais il est non moins nécessaire de lui laisser son indispensable échappement de fantastique trans-cendance, faute de quoi elle ne permettrait pas la *croissance* des individus et des générations dont elle est l'essence. L'auto-rité est une illusion, qu'il faut à la fois dénoncer comme telle, et qu'il faut laisser être, dans sa partie illusoire même, si l'on veut qu'elle porte ses fruits. Elle est essentielle malgré ses insuffi-sances et ses dangers; si elle ne donnait l'idée d'un fantastique remplissage à accomplir, du nom d'un fantastique prédéces-seur ou précurseur, nul ne se mettrait au travail. Il y a sans doute une imposture de l'éducation, par laquelle l'éducateur désigne par-delà son existence, plus que lui, des valeurs appa-remment stables qui le dépassent, mais sans cette imposture, le jeu même de la conjoncture, qui se veut plus réel, serait réduit à rien ou, du moins, à la plus plate insignifiance. L'autorité est le masque nécessaire et le masque de nécessité qui couvre la contingence d'être né dans telle génération ou à la jointure de telles générations et d'avoir à s'emparer d'une tradition et d'une culture qui apparaissent, elles aussi, comme contin-gentes. Elle couvre l'insoluble question du *qui suis-je ?*[1] et du destin que je file pour m'efforcer d'y répondre. Le point

---

1. « Je ne suis pas capable encore, ainsi que le demande l'inscription delphique, de me connaître moi-même ! [...] Suis-je par hasard quelque bête plus compliquée et bien plus enfumée par l'orgueil que n'est Typhon? Suis-je un animal plus paisible, sans autant de complications et qui, de nature, participe à une destinée divine où n'entrent point les fumées de l'orgueil? », Platon, *Phèdre*, 229e-230a. Ce passage était particulièrement affectionné par Sextus Empiricus qui le cite dans ses *Esquisses pyrrhoniennes*, II, 5 [22].

d'ancrage de l'autorité, comme inéluctable fiction, tient dans la contingence du moi, de sa naissance ici et là, ainsi que du destin qu'il a à mener dans telles circonstances plutôt que dans telles autres. Étrangement, absurdement, le fondement de l'autorité et du devoir qu'elle donne tient au caractère inéluctable de cette contingence, qui est indissolublement de la nature du fait et de celle de l'obligation, car c'est sur ce mode que son « fait » peut seul être reçu. Je dois recevoir, dussè-je ensuite le modifier voire le renverser, ce qu'une initiale disparité a fait sans moi. Par un étrange renversement, l'autorité fait la raison de ce qui est sans raison. On ne donne pas de raison à l'autorité parce qu'elle n'en a pas directement ; et c'est pourquoi elle passe facilement pour être absolue et tire de son absence de raison sa raison suprême ; le judaïsme a bien aperçu ce point, comme on le voit dans la parole d'Esaï, 45, 9 : « Malheur à qui dit à un père : pourquoi engendres-tu ? ou à une femme : pourquoi enfantes-tu ? », dénonçant ainsi une question tout aussi présomptueuse que celle que poserait l'argile au potier : « Que fais-tu ? » [1]. Il est intéressant que l'art de la poterie et, derrière elle, l'architecture, donne la mesure de l'autorité, son axe et sa direction. Donner forme et peau au vide, n'est-ce pas le travail commun du potier et de celui qui fait

---

1. Barth commente ce texte ainsi : « Le sens de tout le passage est manifestement celui-ci : il est exclu de prétendre "donner à Dieu des ordres sur ses enfants et de les questionner sur l'œuvre de ses mains". Il n'en reste pas moins que la paternité humaine est mise en parallèle avec la paternité incomparable de Dieu ; c'est sous la lumière de cette parabole que se trouvent et existent les parents humains ! Et c'est cela même qui constitue leur honneur vis-à-vis de leurs enfants », *Dogmatique*, II, IV, Genève, Labor et Fides, 1953, p. 253-254. De façon spéculaire, le Christ reprendra la malédiction d'Esaï, mais ce sera, cette fois, pour défendre une Paternité toute spirituelle.

preuve d'autorité ? Le moment propre à l'autorité est celui où la question du fondement est moins traitée que tranchée, laissant sans répartie possible, parce qu'il faut bien en finir avec le scepticisme et ses indéfinies mises en question. « Les enfants sont tenus d'accepter que leurs parents leur servent de guides ». Kelsen prononce une phrase comparable dans *La théorie pure du droit*, en la comprenant de façon non pas naturaliste, non pas morale mais seulement positive : il faut que, dès qu'elle est amorcée – et elle l'est nécessairement –, cesse la remontée de question en question, vers les fondements de l'autorité. Cette disparité dans les raisons, où le créé ne peut interroger le créateur, où l'auteur ne peut être interrogé par son œuvre, où le guide doit être accepté sans être choisi – ce qui explique que c'est le nom seul qui peut avoir ce rôle et non l'individu concret qui éventuellement le porte –, fait l'essence de l'autorité et de son étrange devoir, obligation qui émane de l'insuffisance et de la fragilité, non seulement naturelle mais, plus fondamentalement encore, historique, de leur être. L'autorité est la sacralisation d'*un* seul sens d'écoulement, qu'il est plus ou moins interdit de remonter à contre-courant.

Le problème du partage entre l'autorité inauthentique et l'autorité authentique rebondit toujours

Mais le problème qui demeure toujours et semble même s'opacifier davantage est de savoir pourquoi il faut accepter *ici* la fiction de l'autorité et la refuser *là* ; s'agit-il de décision arbitraire ou peut-on, ne serait-ce que par une voie indirecte et apagogique, fonder ce partage plus avant, étant donné qu'il n'est pas seulement une difficulté pour la religion ou pour l'éthique, voire pour la politique et le droit, mais qu'il fait aussi problème sur les terres scientifiques où les valeurs de vérité

semblent seules avoir droit de cité ? En quoi consiste cette
étrange pesée de l'autorité, qui est peut-être elle-même une
valeur, mais qui affecte aussi toutes les autres valeurs ?

Locke est allé très loin dans cette direction et, retrouvant le
diallèle et l'infini sceptiques[1], qui menacent toujours, il a
établi qu'il n'y avait aucune raison de tenir le Christ pour le
Messie et qu'il était parfaitement fondé d'attendre l'équivalent
d'un Christ juif ; ce qui ne signifie d'ailleurs nullement que
Locke n'était pas chrétien sincère, mais ce qui veut plutôt dire
que les critères mêmes par lesquels on voudrait décider de la
véritable autorité sont eux-mêmes soumis à la concurrence qui
préside à quelque autorité ou, s'ils ne le sont pas encore, fini-
ront par l'être. La spirale de la recherche ultime de l'autorité ne
cesse de nous projeter dans l'avenir : c'est l'avenir qui détient
toujours les clés de l'autorité présente.

Logique de l'autorité

Position du problème

La notion d'*autorité* est-elle radicalement vide, sans
aucune consistance par elle-même ? N'est-elle qu'une simple
façon de sanctionner le fait que des valeurs dépassent d'autres
valeurs, conformément au sens grec de κράτος, en paraissant
seulement justifier ce dépassement ? Ou est-elle elle-même
une valeur opérante, une des plus importantes de toutes les
valeurs, qui ne se confond ni avec la vérité, ni avec le bien, ni
avec le bonheur, ni avec le plaisir, ni avec le beau, ni avec la
raison, mais qui n'en joue pas moins un rôle très effectif, à la

---

1. « S'il fallait se fier au sage, nous leur demanderions : quel sage ? ». Voir
Esquisses pyrrhoniennes, L. II, 5 [37].

façon dont agissent, dans certains contextes, la tolérance, le mérite ou l'utilité ? Je cite, aux côtés de l'autorité, la tolérance, le mérite et l'utilité, parce que ces valeurs-ci sont des valeurs de valeurs, des valeurs de médiation, de transition, non pas des valeurs directes, si j'ose dire. Faut-il affirmer de l'autorité ce que Pascal disait de la force : que ne pouvant faire que le juste soit fort, on a fait que le fort soit juste ? Est-elle la justification d'un rapport de forces ? Est-elle, en dernier ressort, la clé de toutes les valeurs ? Le réalisme de l'auteur des *Pensées* relève-t-il d'une pensée correcte de l'autorité ? Ou faut-il soutenir, au contraire, que l'autorité n'est qu'une pseudo-valeur quand elle prétend s'ériger seule sur le devant de la scène avec quelque consistance, alors qu'elle n'a de sens qu'en défendant des valeurs qui se distinguent d'elle ?

Il est vrai que, à première vue, on voit mal comment une personne pourrait arguer de sa seule autorité pour l'exercer ; il faut que, dans tous les cas, pour s'imposer, elle parvienne à dire que son discours est le mieux fondé, paraît le plus vrai, que la politique qu'elle qualifie est la plus juste, que l'action qui se fait en son nom est la meilleure et que c'est à ces titres seuls qu'elle s'autorise ou est autorisée à le tenir, à la faire ou à l'exécuter. L'autorité agit masquée ou à l'abri derrière des valeurs sans lesquelles elle ne pourrait avoir le moindre fondement : telle est la position que nous qualifierons de *platonicienne* ou de *schelerienne* ; elle ne se pose comme valable qu'en se mettant ou en se présentant, du moins, au service de valeurs dont elle se distingue. C'est parce que le bien est bien qu'il fait autorité ; c'est parce que le vrai est vrai qu'il fait autorité. Et c'est parce que la personne, censée dire le vrai, le dit qu'elle fait autorité ; c'est parce que la personne dont on attend le bien le fait qu'elle jouit de l'autorité. Il est toutefois une autre approche de l'autorité, plus conforme à la nature que nous lui avons découverte dans nos analyses précédentes, qu'on la qualifie d'*hobbesienne* ou de *pascalienne* : aucune valeur ne pourrait exister sans l'autorité qui la taraude en toutes sortes de sens. Mais quelle est cette autorité qui, sur le vrai, paraît en savoir plus long que le vrai lui-même ? Qui, confrontée au bien se pose comme meilleure que lui ? Est-ce que cette espèce de valeur des valeurs n'est qu'un fantasme de la puissance, résultant du fait que les valeurs sont engagées dans une lutte où elles cherchent à l'emporter ? Ou exerce-t-elle réellement une influence *sui generis*, de telle sorte que toutes les valeurs en dérivent, avec les difficultés théoriques et pratiques qui peuvent en résulter[1] ? Il en va de ces difficultés comme de celles qui résultent des valeurs, lesquelles, le plus souvent, pour pouvoir dominer, se posent par stratégie comme chevilles et intermédiaires : elles deviennent aussitôt susceptibles d'une

---

1. Ce problème trouve son correspondant théologique dans la question de savoir si Dieu est bon, parce qu'il est Dieu et par conséquent la cause de ce qui est bon ou s'il est bon parce qu'il répand sa bonté sur toutes choses. Voir Thomas d'Aquin, *Somme théologique*, Ia, question 13, art. 6 : « Les noms attribués à Dieu ne visent pas uniquement sa causalité ; ils visent son essence ; car quand on dit : Dieu est bon, ou sage, on signifie non seulement que Dieu soit cause de sagesse ou de bonté, on veut dire qu'en lui ses qualités préexistent d'une façon suréminente ». Dans le IIe § du *Discours de Métaphysique*, Leibniz affronte la même difficulté et s'oppose à Descartes et à Spinoza qui soutiennent, à tort selon lui, que « les ouvrages de Dieu ne sont bons que par cette raison formelle que Dieu les a faites ». Leibniz les renvoie à leur impiété de mettre ainsi l'autorité en avant, « car, si cela était, Dieu sachant qu'il en est l'auteur, n'avait que faire de les regarder par après et de les trouver bons, comme le témoigne la sainte écriture, qui ne paraît s'être servi de cette anthropologie, que pour nous faire connaître que leur excellence se connaît à les regarder en eux-mêmes, lors même qu'on ne fait point de réflexion sur cette dénomination extérieure toute nue, qui les rapporte à leur cause. (…) Car pourquoi le louer de ce qu'il a fait, s'il serait également louable en faisant tout le contraire ? ».

double lecture réelle, comme Marx l'a montré dans son analyse de la plus-value. La chaîne des échanges, qui permet d'aliéner une marchandise contre de l'argent, qui permet d'acheter une autre marchandise, etc. peut être lue à l'envers, avec la même efficacité, l'argent servant de point de départ à la transformation de marchandises en d'autres sommes d'argent. De même, l'autorité qui se pose en intermédiaire, plus ou moins effacé, de la circulation des valeurs, peut être lue comme réellement essentielle et seulement masquée par des valeurs d'apparat; la première lecture servant alors de masque à l'autre. Il est clair que, pour qu'une autorité se vive et soit effective, elle peut avoir intérêt à se prendre et à se laisser saisir comme finissante. Mais comment décider, entre les deux « lectures », quelle est la plus déterminante ?

Le problème se pose inéluctablement si aucune valeur ne peut être pure; si elle n'existe et ne se manifeste jamais qu'en rendant des comptes auprès d'autres valeurs, dont elle se distingue sans doute, mais sans jamais s'en dissocier. Si les valeurs pouvaient se contenter d'être pures, sans avoir à faire état de leur importance, il n'y aurait jamais de problème d'autorité; leur impureté tient, pour chacune d'entre elles, à la nécessité de se défendre, de lutter pour exister, voire simplement de faire état de son existence, quand bien même il faudrait convaincre les gens les mieux intentionnés et les mieux disposés à son égard. En ce sens, l'autorité des personnes n'est qu'un cas particulier de la concurrence des valeurs et de la nécessité de la trancher, d'abord parce que la *personne* est une valeur, ensuite parce que, pour se faire valoir en quelque tâche, vocation ou occupation que ce soit, il faut qu'elle le fasse en se montrant, à tort ou à raison, au service d'autres valeurs que celle de sa propre personne. L'autorité est liée au fait qu'il faut inévitablement trancher les problèmes de valeur; l'existence même le demande.

Il est deux écueils à éviter pour traiter de l'autorité. Le *premier* est d'inféoder l'autorité aux autres valeurs : la vérité, la bonté, la justice, le bonheur, le bien, l'utilité ou que sais-je ? L'autorité n'aurait de sens que dans la défense de l'une ou de l'autre de ces valeurs. Ce pour quoi elle se donne n'est pas sa réalité. Le *second* consiste à faire de l'autorité l'expression de la simple force, qu'elle soit celle de la concurrence des valeurs entre elles ou celle des hommes qui les défendent ou qui se servent d'elles comme d'alibis dans leur affrontement pour quelque pouvoir[1]. Elle n'est, à proprement parler, ni ce qui avancerait sous couvert d'autres valeurs, ni l'expression à peine voilée de la force ou le résultat de quelque jeu sélectif. Des deux côtés, quoique pour des raisons opposées, on perd totalement l'épaisseur de l'autorité : on ne la pose pas comme valeur à part entière. Or, ne fût-ce qu'à titre de travestissement d'autres valeurs ou de la force, elle a une force propre, quand bien même on ne l'apercevrait pas. Car il faut user de force pour masquer et travestir. Est-elle une valeur qui a une positivité propre ou n'est-elle jamais destinée qu'à s'effacer au service d'autres valeurs ou à entériner le jeu des forces ?

L'écueil socratique ou schelerien

La conception socratique, qui est aussi celle de Scheler, c'est que l'autorité n'est jamais reconnue ni accordée qu'à celui ou à ceux qui excellent le plus dans une valeur ou un ensemble de valeurs. Et il est vrai que l'autorité, si on lui

---

1. C'est le discours du *Contrat social* de Rousseau sur la légitimité qui est seulement feinte lorsqu'elle laisse transparaître la force ou le jeu des forces.

laissait faire quelque prosopopée, se donnerait comme la marque ou l'expression d'autres valeurs. Si la vérité peut dire, à tort selon nous, mais sans que personne ne s'en offusque : « moi, la vérité, je parle », l'autorité ne dirait probablement dans aucun contexte : « moi, l'autorité, je parle » ; elle dirait plus sûrement : « je suis autorité par autre chose que par moi-même ». L'autorité tient nécessairement un discours indirect ; si elle ne le tenait pas, elle serait aussitôt dénoncée comme un cynisme qui jette le masque ou comme une tyrannie et elle ne durerait pas bien longtemps.

Dans *Le formalisme en éthique*, Scheler oppose, sous la forme d'une antinomie, une conception de l'autorité qui la vassalise par rapport aux autres valeurs, *thèse* qu'il soutient par l'idée qu'il existe effectivement un *discernement moral* (sur l'universalité duquel il ne se prononce guère) qui permet de déceler si une valeur ou un groupe de valeurs existe mieux ici que là, est mieux incarné dans telle personne ou dans tel groupe de personnes que dans telle ou tel autre, à une *antithèse* qu'il attribue à Hobbes, aux Scotistes et à Kirchmann. Cette anti-thèse, qu'il appelle « éthique de l'autorité », « prétend fonder les constituants et l'essence même du « bon » et du « méchant » sur les normes et les préceptes d'une autorité »[1]. Scheler juge cette dernière position « absurde »[2] parce qu'elle ne fait aucune place au « discernement moral », sans qu'on sache d'ailleurs, de façon assez déterminée, si ce discernement décèle le plus compétent, le plus méritant, celui en qui on peut placer le plus de confiance ni comment nous arrive ce discerne-

---

1. M. Scheler, *Le formalisme en éthique*, Paris, Gallimard, 1955, p. 339-340.

2. Non sans mauvaise foi, puisque, s'il dénie toute vérité à cette position, il ne lui en accorde pas moins un sens.

ment moral, qui intervient comme un *deus ex machina*. L'impression simple, quand elle a lieu, n'est-elle pas liée, en réalité, à un jeu complexe de forces dans lequel se sélectionnent des valeurs ?

Mais précisément, l'antithèse, défigurée par Scheler, qui aurait pu se contenter de l'exprimer en disant que « les valeurs dérivent toutes de l'autorité » ou qu'elles « doivent nécessairement s'envelopper d'autorité », est-elle la simple expression de la concurrence et de la force ? Dès lors qu'aucune valeur ne peut exister à l'état isolé et qu'elle est toujours liée à d'autres valeurs, que la vérité ne saurait être vérité sans être utile, ou importante, ou admirable, il est clair qu'une lutte peut exister entre les valeurs, par individus ou groupes interposés, pour l'importance, pour l'utilité, pour la capture de l'admiration. Que cette lutte soit remportée par tel complexe axiologique plutôt que par tel autre peut s'exprimer en disant que celui qui jouissait de plus d'autorité l'a emporté. Mais ne dit-on pas deux fois de suite la même chose, en tenant l'autorité pour un équivalent de la *concurrence* ? Y a-t-il une valeur propre et opératoire de l'autorité ?

La valeur d'autorité a une consistance propre et n'est pas le simple reflet de la force

Le moins que l'on puisse dire est que l'autorité dissimule sa valeur propre si elle en a une. Que vise-t-on en parlant de l'autorité d'une valeur, d'un ensemble de valeurs, d'une personne ou d'un groupe qui les incarnent ? Signifie-t-on qu'elle ou qu'il l'a emporté dans une mise en concurrence voire dans un combat plus ou moins symbolique ? Ou que l'autorité sanctionne la meilleure promotion, la meilleure incarnation ou représentation d'une ou de plusieurs valeurs ?

Il en va de la valeur d'*autorité* comme des valeurs que l'on pourrait appeler intermédiaires : la *tolérance*, l'*utilité*, l'*intérêt* ou l'*importance*. La vérité n'est pas, semble-t-il d'emblée, une valeur intermédiaire, puisqu'elle existe, en apparence du moins, indépendamment du fait qu'elle soit bonne, utile, désirable, admirable, ou qualifiable par tout attribut gratifiant. La bonté, l'utilité, l'importance servent à la sélectionner, mais ne paraissent pas l'infléchir dans son contenu, du moins la plupart du temps. La bonne volonté est, selon Kant, indépendante de l'utilité, qui peut lui servir de sertissure : elle jouit de son propre éclat et n'a besoin d'aucun intermédiaire pour le faire.

Au contraire, des valeurs comme la *tolérance*, l'*utilité*, la *rigueur*, le *sacré*, le *mérite*, l'*autorité* se donnent comme des valeurs intermédiaires. La tolérance fabrique un espace ou un appareillage pour rendre compatibles des valeurs différentes et des existences qui les soutiennent diversement. L'*utilité* se pose, au moins dans un premier temps, comme *utilité de*, ou *utilité pour*, ce qui implique le service d'autres valeurs. Il semble bien en aller de même pour l'*autorité*, qu'elle sanctionne un jeu de forces ou qu'elle s'abrite derrière des valeurs pleines et entières (immédiates). Or, le destin des valeurs qui se posent d'abord en valeurs intermédiaires et servantes, c'est de finir par être principales et par satelliser celles qu'elles feignaient de servir, posant de redoutables problèmes comme celui de savoir s'il faut tenir les diverses valeurs (justice, vérité, bonheur, ...) pour de simples déterminations de la seule valeur qui apparaissait intermédiaire (utilité) ou si elles en sont indépendantes. Mais quand l'utilité se pose en valeur souveraine, faut-il la croire plus que les autres valeurs qu'elle a supplantées ou qu'elle s'imagine avoir supplantées ? Après tout, certaines vérités aussi sont intermédiaires et jouissent d'un statut proche de l'utilité ; de même, certaines vérités paraissent briller d'un éclat définitif et ne seront, au bout du compte, que des chevilles dans un autre système.

L'autorité paraît aller plus loin que l'utilité, même lorsque celle-ci veut apparaître comme valeur souveraine, en ce que l'autorité se pose comme la souveraineté même, qui aurait toute l'effectivité de son côté. Certes, elle doit bien encore affronter la question de savoir s'il y a une autorité de l'autorité, comme on pouvait demander quelle est l'utilité de l'utilité ou l'utilité du principe d'utilité. La valeur d'*autorité* rend possible, elle aussi, une diplopie, une « réflexion » ou une démultiplication.

Cette démultiplication produit au moins un premier résultat de confirmation : l'autorité n'est pas la force, quoiqu'elle puisse paraître telle, puisque, si diverse que soit la notion de *force*, il y a quelque difficulté à parler de la force de la force, par exemple[1]. L'affrontement des valeurs met en jeu un appareillage symbolique et des forces très atténuées par rapport aux forces physiques ou biologiques. Il faut convenir, avec Hume et Freud, que la dynamique psychique présente des spécificités par rapport à la dynamique physique. Ce n'est pas par la seule quantité ou vivacité que la force psychique se distingue de la force physique. L'autorité peut constituer des replis en elle-même et se faire autorité de l'autorité. Ce qu'on appelle la légitimité, qu'on entend parfois distinguer de la légalité, n'est autre chose que le droit qu'a l'autorité de s'exercer : elle est autorité de l'autorité. La réflexion de la valeur sur elle-même fait l'autorité. Mais, dira-t-on, comment expliquer la diversité des valeurs impliquées par cette « réflexion » de l'autorité ? Il

---

1. À telle enseigne que Leibniz a pu penser que la dynamique mettait fin au relativisme de la phoronomie.

faut se rappeler qu'aucune valeur n'est « pure ». La valeur se replie sur elle-même, avec ses valences et ses alliances ; c'est dans sa défense d'elle-même, dans son expansion, mais aussi dans son repli sur elle-même que la valeur constitue de l'autorité.

À cette première remarque, il convient d'en ajouter une deuxième : c'est que l'autorité permet un équilibre fragile entre des valeurs hétérogènes, une sorte de compromis relativement stable, qui peut être remis en question ou défait. Soit le fameux théorème de géométrie projective de Desargues qui pose que le découpage de la pyramide par deux plans sécants donne lieu à trois intersections des côtés respectifs (prolongés) des triangles ainsi déterminés sur la sécante (des deux plans) elle-même. Mais il perd toute autorité dans l'espace de Hilbert qui relativise l'espace arguésien pour n'en plus faire qu'un cas particulier de sa propre géométrie. L'autorité est, dans ce contexte, l'importance de la vérité : la même vérité ne saurait jouir de la même importance dans tel contexte de théorèmes et dans tel autre, lié à la dérivation d'axiomes de telle sorte plutôt que de telle autre.

L'autorité relève de la scansion de plusieurs types d'intérêt. Il est vrai que les vérités s'enchaînent, dans toutes leurs séquences, selon un ordre propre. Mais la sélection s'opère selon un autre système de valeurs qui fait que tous les enchaînements ne sont pas également intéressants et que seuls certains se trouvent sélectionnés. L'autorité est à l'intersection de plusieurs systèmes de sélections ; c'est l'intersection même que nous appelons l'*autorité*. Ce qu'aménage l'autorité, c'est la possibilité pour telle ou telle valeur de jouir d'un segment ou d'un petit secteur pour se développer plus ou moins purement ; mais il est clair qu'aucun système de valeurs n'est indépendant, que l'indépendance ne caractérise que de très petits secteurs symboliques, seulement en apparence et toujours provisoirement. On se ferait des illusions en croyant qu'un homme politique, qui a été très largement élu, jouit toujours d'une autorité plus grande que celui qui doit son élection à un scrutin plus serré. Il est, de ce point de vue, des paradoxes. Un homme politique, exerçât-il les plus hautes fonctions, peut jouir d'une autorité beaucoup moins grande, alors même qu'il a été élu à une majorité écrasante mais confuse que s'il avait été porté au pouvoir par une majorité beaucoup plus courte, mais mieux déterminée. Il se peut, par exemple, que, dans la majorité très large dont je parle, des gens d'opinions très diverses ont mêlé leurs voix pour faire barrage à l'un des concurrents et ont complètement brouillé le message des urnes.

Prenons garde, en tout cas, que ce n'est pas forcément le vrai parce qu'il est vrai, le bien parce qu'il est bien, le juste parce qu'il est juste, qui l'emportent dans la lutte dont nous parlons. Le vrai peut l'emporter dans certaines circonstances, dans un certain milieu ; de même que le bien, le beau, le juste, chacun en le sien. Sorties de ces milieux, ces valeurs perdent tout intérêt. Des erreurs, des injustices, des laideurs peuvent effrontément tenir tête à ce qui est tenu pour vrai, pour juste, pour beau dans certains milieux. L'illusion schelerienne est de croire que puisque la valeur est valeur, elle fascine. On se trompe alors deux fois : d'abord parce qu'on croit qu'une valeur peut être « pure » ; ensuite parce qu'on croit que ce qui fait autorité dans un milieu fait autorité en tous. Ce n'est pas parce qu'un intellectuel a réfuté une valeur ou une notion qu'elles cesseront de circuler ; l'illusion de l'intellectuel est que ses productions ont une portée universelle, alors qu'elles ne valent réellement que limitées à l'horizon étroit dans lequel il écrit, échange, parle. Il peut bien, dans un délire de catholicité, vouloir que chacun accède aux mêmes valeurs que lui : cette ambition n'a guère de sens.

On s'aperçoit que les situations, en apparence les plus aberrantes, reçoivent leur explication et qu'il ne serait pas impossible de construire une axiologie de l'autorité. L'autorité est la sanction, par le principe de réalité, du jeu ouvert et indéfini des valeurs ; leur confrontation fait qu'apparaissent certains états qui se stabilisent un court moment. Mais, si logique soit-elle, l'autorité ne prend son sens que dans des processus historiques, qui ne se reproduisent pas. Simplement, il est des ensembles de valeurs qui restent équilibrés plus ou moins longtemps. Ils obéissent à des lois que l'on peut établir et discuter. Il se peut que, pour prendre cet exemple, l'« hypothèse de Lee (Kuan Yew) », qui affirme que les systèmes non démocratiques sont les plus performants pour aboutir au développement économique », ait connu son heure de vérité. Mais on a pu montrer depuis, A. Sen l'a rappelé, comment les besoins eux-mêmes – pas seulement les désirs – sont radicalement liés à l'exercice de droits civiques et politiques, et que, lorsque les besoins économiques sont discutés publiquement et qu'ils font l'objet d'échanges d'informations, de points de vue et d'analyses, ils ne sont plus les mêmes [1].

Enfin, si la tolérance implique des multiplications d'espaces qui se posent comme indifférents les uns aux autres, si l'utilité implique peut-être inévitablement un espace structuré par un panoptique, l'autorité impose aussi des lois à l'espace : il semble qu'elle ne soit jamais aussi tendue, jamais aussi effective que lorsque les espaces où elle se joue ne peuvent pas être juxtaposés, mais où il s'agit, pour un

---

1. A. Sen, *La démocratie des autres*, Paris, Rivages, 2005, p. 66.

complexe de valeurs, de l'emporter sur d'autres configurations. Plus exactement, l'autorité semble changer de structure selon qu'elle s'exerce dans un espace où les valeurs peuvent se juxtaposer ou dans un espace où ce n'est pas possible.

CONCLUSIONS GÉNÉRALES

1) Il ne serait pas absurde de supposer un fondement divin à l'autorité si l'on entendait par là que l'autorité est prise dans un processus de constante montée, dans un univers libre et ouvert, sans aucun autre frein que celui de la concurrence de toutes les valeurs, vers une sorte de domination transcendante ; la concurrence par l'autorité implique d'abord l'illusion de l'ascendance monarchique vers la toute-puissance, au moins provisoire ; ensuite, l'inversion spéculaire par laquelle l'autorité paraît dériver de Dieu même. Le discours religieux est peut-être mieux placé et plus expressif que le discours rationnel de la morale, de l'éthique, du droit et de la politique, pour penser l'autorité, puisqu'il lui donne comme origine une transcendance qui défie la raison et comme fondement une obligation plus profonde que toute raison. Le moment religieux permet de délivrer de platitudes rationalistes sur la question ; il conduit heureusement plus loin qu'un prétendu fondement rationnel de l'autorité – lequel est lui-même pris dans la tourmente concurrentielle – et il enracine l'autorité dans l'existence même en tant qu'elle se rapporte à elle-même et produit ses lois dans ce rapport même. Plutôt que de poser la nécessité des lois à côté de la contingence de l'existence, il faut chercher cette nécessité dans le rapport de cette contingence à elle-même. C'est de Kierkegaard que Lacan a retenu, tant dans son *Éthique* que dans son *Séminaire* sur *L'angoisse*, que l'éthique

n'a de sens qu'enracinée dans le *désir*, que les règles ne tiennent le leur qu'à partir de cette existence et de ce désir, qu'il n'est d'éthique qui vaille qui ne soit celle de la tragédie d'exister[1]. *Ne pas céder sur son désir*, un désir qui révèle les véritables lois, absolument singulières, absolument auto-nomes autant qu'absolument hétéronomes[2], de l'existence de chacun, vise à donner aux lois un autre statut que celui de simples conventions sociales[3]. Non pas simplement devoir, mais « devoir se laisser enseigner, conduire et guider », ne pas pouvoir échapper à ces règles qui émanent de l'existence même, sont les formules de l'autorité. Ce qui s'entend autant de façon religieuse que critique ou « logique ». L'autorité n'est pas la règle même, elle est l'existence de la règle. Ou plutôt l'existence étant rapport à soi, elle ne peut manquer de donner lieu à des règles ; c'est dans cette régulation ou autorégulation de l'existence, sur fond d'engouffrement, d'effondrement, que consiste l'autorité des règles.

2) Ce n'est pas le moindre paradoxe de l'autorité d'être de la nature du personnage, du masque, de l'artifice et de promou-voir néanmoins par là l'existence en son tréfonds. Cela veut

1. « L'éthique de l'analyse (…) implique, à proprement parler, la dimension qui s'exprime dans ce qu'on appelle l'expérience tragique de la vie. C'est dans la dimension tragique que s'inscrivent les actions, et que nous sommes solli-cités de nous repérer quant aux valeurs. (…) Disons, en première approxima-tion, que le rapport de l'action au désir qui l'habite dans la dimension tragique s'exerce dans le sens d'un triomphe de l'être-pour-la-mort », *L'éthique*, p. 361.

2. Selon l'appréciation kantienne.

3. On pourrait dire de l'autorité ce que Lacan dit du surmoi : « Quelque chose s'impose là dont l'instance se distingue de la pure et simple nécessité sociale – c'est à proprement parler ce dont j'essaie ici de vous permettre d'indi-vidualiser la dimension, sous le registre du rapport au signifiant, et de la loi du discours » (p. 14).

dire que ce qui est le plus profond aime à se masquer, comme le soutenait Nietzsche, et que l'existence pousse au théâtre ; cela veut dire aussi qu'il ne faut pas négliger l'interrogation des masques si l'on veut mesurer ce tréfonds de l'existence qu'ils couvrent de leur fragile surface.

L'autorité a donc à voir avec cette passivité à soi qui caractérise l'existence dans ce qu'elle a d'essentiellement affectif, fragile, volatil et que quelques philosophes n'ont malheureusement tenté de penser qu'en donnant pour cadre, à cette passivité fondamentale, le sujet ou le moi, alors que le sujet ou le moi ne sont jamais que quelques masques de cette passivité à soi ; et qu'ils s'en sont tenus pour envisager cette passivité de l'existence à elle-même qu'à la forme d'une saveur affective, d'une *Stimmung* ou d'un *tune*, alors qu'il faut l'approfondir jusqu'à une passivité du discours à lui-même, du symbolique à lui-même.

C'est peut-être cette passivité mal entendue qui fait qu'un grand nombre de nos contemporains parlent de *fin de l'autorité* et entonnent le couplet funéraire, plus ou moins rattaché au thème de la « mort de Dieu ». Si l'on ne donne pas à l'autorité la profondeur d'une passivité de la parole à elle-même, elle se vit assez inévitablement dans le registre de la souffrance et de la plainte qui déplore que l'autorité des règles soit finissante et s'éprouve parfois tristement.

3) La tâche qui nous incombe désormais, mais qui ne saurait être accomplie dans ce livre de dimensions modestes, serait, à la façon de Lacan, qui reprend le problème de l'éthique à partir de la pensée du désir par la psychanalyse, de repenser, non seulement l'éthique et la morale, mais aussi le droit, la politique et l'épistémologie même, à partir de l'autorité. Car l'épistémologie n'est pas plus un savoir du vrai que la morale n'est un savoir du bien et le droit un savoir de la justice ; elle est

un savoir d'un mixte historique de valeurs impossibles à isoler et plutôt obtenu apagogiquement. Il faut, pour la mener à bien, qu'elle soit, sans doute, une méthode critique, sans toutefois perdre conscience de l'impossibilité des découpages auxquels le kantisme a précisément identifié l'activité critique. Ce n'est qu'à travers une théorie des fictions que les systèmes de valeurs, dont le centrage fort a pris nom d'*autorité*, en ce qu'ils sont composites et en ce qu'ils ont résisté à la confrontation avec des systèmes comparables, peuvent être pensés.

4) Descartes, à la fin des *Principes de philosophie*, compare la nature à un chiffre et le travail du physicien à celui d'un déchiffreur; il suggère sans doute finement, derrière le masque théologique, que c'est nous qui codons et décodons les phénomènes et que la nature est, pour notre intelligence, un miroir par lequel elle s'ignore et se leurre. Pascal étend la comparaison à l'histoire même; ce n'est pas seulement la nature qui est un chiffre; la vérité a une histoire et l'histoire est un masque entre les mains de Dieu, qui se sert des événements pour parler de façon cryptée un langage auquel les agents participent sans le savoir et sans le comprendre davantage qu'à demi. Dieu se sert de l'ironie des choses plutôt que de la force naturelle pour tourner à sa gloire les positions mêmes de ses adversaires. Ainsi fait-il des Juifs, selon Pascal, les dépositaires malgré eux d'un message qu'ils ne comprennent pas, d'autant plus scrupuleux et soigneux qu'ils ne l'entendent pas [1]. L'autorité est le masque de Dieu; ce qu'il faut entendre en tenant fortement les quatre choses essentielles que le

---

1. « C'est visiblement un peuple fait exprès pour servir de témoin au Messie. Il porte les livres, et les aime, et ne les entend point. Et tout cela est prédit : que les jugements de Dieu leur soient confiés, mais comme un livre scellé », *Pensées*, Pléiade, p. 1234, frag. 506 [277].

présent texte s'est efforcé d'établir : que l'autorité est histoire, artifice; qu'elle concerne sans doute la liberté des agents, à condition de les comprendre pris dans l'ironie des choses, qui est plus intelligente qu'eux sur ce qu'ils font; que cette ironie leur fait apparaître l'autorité comme venant plus ou moins violemment de l'extérieur; enfin, que la logique de l'autorité est logique divine, parce qu'elle est logique de l'inconscient.

5) Les deux textes qui suivent sont destinés à montrer comment, en ne partant pas du terrain politique pour analyser l'autorité et en donnant une extension très grande et peu ordinaire à sa notion, on forge néanmoins un concept qui peut servir en philosophie politique. Les deux textes sont, dans cet ordre, qui brise avec la chronologie, d'une part, celui de Lacan, extrait du Livre XVII du *Séminaire*, dans lequel, approfondissant les thèses de Hobbes, de Hume et de Bentham, l'auteur accuse le formalisme de l'autorité, la comprenant à travers un jeu de quatre discours fondamentaux; d'autre part, un texte de John Austin, extrait de *The Province of Jurisprudence Determined*, sur l'impossibilité de limiter la souveraineté; le point de vue d'Austin vaut d'être confronté, sur l'autorité de la loi, avec celui de Bentham qui reconnaissait une valeur à la notion de légitimité. Insistant sur ce que nous avons appelé l'*évolutionnisme* des valeurs, Austin la conteste. La difficulté que nous avons repérée en analysant la notion d'*autorité* – peut-elle se légitimer elle-même par une sorte d'affinement propre ? Ou n'est-elle que le produit d'un jeu de forces tel que l'évolutionnisme en montre le concours ? – se retrouve intégralement sur le terrain de la politique.

TEXTES ET COMMENTAIRES

TEXTE 1

JACQUES LACAN
Les quatre discours*

Il m'est arrivé de distinguer ce qu'il en est du discours, comme une structure nécessaire qui dépasse de beaucoup la parole, toujours plus ou moins occasionnelle? Ce que je préfère, c'est *un discours sans paroles*.

C'est qu'à la vérité, sans paroles, il peut fort bien subsister. Il subsiste dans certaines relations fondamentales. Celles-ci, littéralement ne sauraient se maintenir sans le langage. Par l'instrument du langage s'instaurent un certain nombre de relations stables, à l'intérieur desquelles peut certes s'inscrire quelque chose qui est bien plus large, qui va bien plus loin, que les énonciations effectives. Nul besoin de celle-ci pour que notre conduite, nos actes éventuellement, s'inscrivent du cadre de certains énoncés primordiaux. S'il n'en était pas ainsi, qu'en serait-il de ce que nous retrouvons dans l'expérience, et

* Lacan, *Le Séminaire*, L. XVII, *L'envers de la psychanalyse*, Paris, Seuil, 1991, Leçon du 26 novembre 1969, p. 11-13.

spécialement analytique, qu'en serait-il de ce qui se retrouve pour nous sous l'aspect du surmoi ?

Il est des structures pour caractériser ce qui est dégageable de cet *en forme de*, c'est-à-dire de ce qui se passe de par la relation fondamentale, celle que je signifie d'un signifiant à un autre signifiant. D'où résulte l'émergence de ceci, que nous appelons le sujet – de par le signifiant qui, en l'occasion, fonctionne comme le représentant, ce sujet, auprès d'un autre signifiant.

Comment situer cette forme fondamentale ? Cette forme, nous allons l'écrire d'une façon nouvelle. [En] simplifiant, nous considérons S_1 et, désignée par le signe S_2, la batterie des signifiants. Il s'agit de ceux qui sont déjà là, tandis qu'au point d'origine où nous nous plaçons pour fixer ce qu'il en est du discours, du discours conçu comme statut de l'énoncé, S_1 est celui qui est à voir comme intervenant. Il intervient sur une batterie signifiante que nous n'avons aucun droit, jamais, de tenir pour dispersée, pour ne formant pas déjà le réseau [1] de ce qui s'appelle un savoir.

Il se pose d'abord de ce moment où S_1 vient représenter quelque chose, par son intervention dans le champ défini, au point où nous sommes, comme le champ déjà structuré d'un savoir. Et ce qui est son supposé, ὑποκείμενον, c'est le sujet, en tant qu'il représente ce trait spécifique, à distinguer de l'individu vivant. Celui-ci en est assurément le lieu, le point de marque, mais n'en est pas de l'ordre de ce que le sujet fait entrer de par le statut du savoir.

$$\frac{S_1}{\$} \rightarrow \frac{S_2}{a}$$

---

1. Pour un ensemble qui ne forme pas déjà le réseau.

Sans doute est-ce là, autour du mot savoir, le point d'ambiguïté. [...] Il m'est arrivé d'appeler *savoir* la jouissance de l'Autre. Drôle d'affaire.

Complétons ce qui fut d'abord à deux pieds, puis à trois, donnons-lui son quatrième. Cet autre, le petit [1], c'était ce que nous désignons à ce niveau, qui est d'algèbre, de structure signifiante, comme l'objet *a*.

À ce niveau de structure signifiante, nous n'avons à connaître que de la façon dont ça opère. Ainsi avons-nous liberté de voir ce que ça fait, si nous écrivons les choses à donner à tout le système un quart de tour. [...] Il y a, à ce quart de tour, d'autres raisons qu'un pur accident de représentation imaginaire.

$$\frac{\$}{a} \quad \rightarrow \quad \frac{S_2}{S_1}$$

Voilà un exemple. S'il apparaît fondé que la chaîne, la succession des lettres de cette algèbre, ne peut pas être dérangée, de nous livrer à cette opération de quart de tour nous obtiendrons quatre structures, pas plus, dont la première vous montre en quelque sorte le départ.

Il est très facile de produire vite, sur le papier, les trois qui restent.

Cela n'est que pour spécifier un appareil qui n'a absolument rien d'imposé, comme on dirait dans une certaine perspective, rien d'abstrait d'aucune réalité. Bien au contraire, c'est d'ores et déjà inscrit dans ce qui fonctionne comme cette réalité dont je parlais tout à l'heure, celle du discours qui est déjà au monde et qui le soutient, à tout le moins celui que nous

---

1. Que Lacan oppose au grand Autre.

connaissons. Non seulement c'est déjà inscrit, mais cela fait partie de ses arches [1].

Que dit cette formule ? Elle situe un moment. [...] Elle dit que c'est à l'instant même où le S_1 intervient dans le champ déjà constitué des autres signifiants en tant qu'ils s'articulent déjà entre eux comme tels, qu'à intervenir auprès d'un autre, de système, surgit ceci, \$, qui est ce que nous avons appelé le sujet comme divisé.

Enfin, nous avons accentué de toujours que, de ce trajet, sort quelque chose de défini comme une perte. C'est cela que désigne la lettre qui se lit comme étant l'objet *a*.

---

1. Il faut entendre ici *arches* au sens grec d'arché, d'άρχαί, principes.

COMMENTAIRE

La psychanalyse a servi de point aveugle à notre propos. Il est nécessaire de présenter ici l'apport très spécifique qu'elle constitue sur la question de l'autorité. Sans vouloir entrer dans le détail des quatre discours, d'ailleurs très délicat – comme le prouve la grande diversité des interprétations auxquelles il donne lieu –, nous estimons nécessaire de le mettre en place sous l'angle de notre recherche sur l'autorité. En quoi la psychanalyse approche-t-elle l'*autorité* de façon inédite ?

Notons d'entrée de jeu que l'*autorité* n'est pas un terme qui a particulièrement retenu l'attention des psychanalystes. Les index des œuvres des plus grands d'entre eux ne le pointent guère. Si, d'une part, Freud parle toujours judicieusement de la notion, ce n'est pas au point d'en faire un traité, ni même seulement un chapitre de livre ; si, d'autre part, on peut tenir Lacan pour un théoricien de l'autorité de la taille de ses grands prédécesseurs, il faut convenir qu'il ne la thématise pas, sous ce nom, davantage que Freud, alors qu'il a thématisé un nombre considérable d'autres valeurs (le bien, le beau, la vérité, le bonheur, l'utilité). Il traite obliquement de l'autorité ; et ce qui autorise à repérer un discours lacanien sur ce thème, de telle sorte que l'*autorité* ne soit pas simplement projetée, avec quelque imprudence, par le lecteur, sur des moments privilégiés du *Séminaire*, qui paraîtraient seulement s'y rapporter, c'est la mise en interférence de deux sources d'émission, qui permettent de penser le symbolique dans sa portée politique.

Ces deux sources sont constituées par Hegel, d'une part, que Lacan a lu à travers Kojève ; et par Bentham, d'autre part, dont la théorie des fictions, qu'il a lue, sur les conseils de Jakobson, dans l'édition qu'en donne Ogden en 1932, est un fil rouge qui traverse l'œuvre entière du psychanalyste. Bentham tenait l'autorité pour une fiction essentielle, éminemment constructrice du social, en dépit de ses versions fallacieuses. Lacan a constamment rendu hommage à Kojève de lui avoir fait rencontrer la *Phénoménologie de l'Esprit*[1] et à Bentham, de l'avoir conduit aux portes du problème de l'articulation du symbolique, de l'imaginaire et du réel[2]. De manière générale, ce que Lacan entend par *langage*, il le doit plus, de son propre aveu et en dépit des apparences, à la tradition anglaise et, précisément, à un auteur comme Berkeley[3] qu'au francophone

1. Le *Séminaire*, L. VIII, *Le transfert*, séance du 7/XII/1960, Paris, Seuil, 1991, p. 77.

2. Lacan ne se trompe d'ailleurs pas en ce sens puisque Bentham, dans *A Table of the Springs of Action* (p. 75-76), donne comme équivalents aux *noms des entités fictives* dont il traite des *appellations symboliques sémantiques* <*semantic symbolic appellations*>. C'est bien à un travail sur les symboles que Bentham nous convie pour repérer les désirs (et les aversions), les besoins ou les manques, les espoirs et les craintes, les motifs et les intérêts. Quant à l'opposition du réel, de l'imaginaire et du symbolique, qui est un fondement du système de Lacan pendant une longue période, elle est aussi le point de départ de la théorie benthamienne des fictions.

3. Le *Séminaire*, L. XX, *Encore*, Paris, Seuil, 1975, p. 93.

Saussure. En quoi ces interférences anglo-allemandes enseignent-elles une nouvelle façon de comprendre l'autorité?

*L'apport proprement lacanien ne se sépare pas d'une
réfutation des positions hégéliano-kojéviennes*

Le premier moment est sans doute une reprise de Hobbes et de Hume, mais qui va le conduire bien au-delà de ces deux auteurs. Leur problème était d'expliquer comment l'émission symbolique peut revenir vers le sujet et le leurrer au point de paraître à ses yeux comme une chose lui venant de l'extérieur. Comment le sujet peut-il se maquiller, à ses propres yeux, le symbolisme et les codes mêmes dont il se sert pour y parvenir? Le sujet se coupe de lui-même, ignore cette scission, ou plutôt, il ne veut pas la savoir, et la fait servir à l'illusion d'une suture ou d'un renflouement, comme si la partie dont je suis scindé revenait vers moi. Lacan a fait faire à cette analyse de l'autorité un pas décisif lorsqu'il a reconnu que le sujet, nécessairement divisé par le langage, avait affaire à sa propre scission sous la forme d'un objet, qui n'est pas essentiellement phénoménal, quoiqu'il en prenne la forme, et qu'il a appelé l'« objet a ». L'*objet a* est la mise en scène, par le psychisme, de sa propre scission opérée de telle sorte qu'il ne la reconnaisse pas : Lacan le montre à l'œuvre dans l'angoisse, mais il n'y a pas lieu de l'exclure des autres affects et des autres situations. L'*objet a* paraît s'avancer comme une chose vers un sujet qui se masque par là son incurable division[1]. On se trouve ici aux anti-

---

1. Les œuvres d'art, et tout particulièrement la peinture qui en est tout hérissée, présente des figurations des *objets a*, quand un objet ne se laisse pas reconnaître comme les autres, que son identification est ambiguë ou inquiétante.

podes de l'hégélianisme : à l'annihilation et à l'effacement de l'objet dans la dialectique des consciences, il faut opposer l'irréductible reste de l'objet[1].

On se trouve aussi, par cette insistance sur l'objet, aux antipodes de la révolution copernicienne puisqu'il s'agit de remettre l'objet au cœur du dispositif et de réduire le sujet à un statut de division telle qu'il lui est impossible d'occuper la position centrale que la philosophie transcendantale lui assignait. Sans doute, toutes les philosophies ne sont pas des philosophies transcendantales car toutes ne privilégient pas le point de départ dans un cogito ; mais la position de l'*objet a* n'aurait jamais pu être atteinte par une autre technique que la psychanalyse. Il en va de cet *objet* comme des espaces hilbertiens ou comme de l'objet de la microphysique, qui n'auraient pu jaillir d'une simple réflexion philosophique. Seule la psychanalyse peut mettre en scène, à cet extrême degré, la coupure du sujet ; la philosophie connaît le retournement de l'objet, mais c'est à condition de le contrôler à partir des actes symboliques du sujet. Il n'était, à coup sûr, pas aisé de gagner, par la seule philosophie[2], l'idée que l'on est regardé par l'objet plus

---

1. *L'angoisse*, p. 416. Lacan, dans la leçon du 20 novembre 1963, sur *Les Noms du Père* présente, sur ce point, le résultat de son *Séminaire* sur *L'angoisse* comme une véritable innovation par rapport à « la tradition psychologisante qui distingue l'angoisse de la peur de par ses corrélats [de la réalité] ; je change ici les choses, disant de l'angoisse, elle n'est pas sans objet, cet *objet a*, dont j'ai dessiné aussi bien que j'ai pu les formes fondamentales ; ce qui est chu du sujet dans l'angoisse, cet *objet a*, qui est le même que je désigne comme la cause du désir ».

2. Lacan pense tout de même essentiellement au kantisme et à la phénoménologie.

profondément qu'on ne le regarde et que, dans la perception [1], comme dans la saisie affective, c'est de l'objet même qu'il faut partir; du fait qu'« il y a déjà dans le monde quelque chose qui regarde avant qu'il y ait une vue pour le voir, que l'ocelle du mimétisme est indispensable comme présupposé au fait qu'un sujet peut voir et être fasciné, que la fascination de la tache est antérieure à la vue qui la découvre » [2].

Lacan ose par là une figuration et une conceptualisation fortes de l'autorité des choses (ou passant par les choses) comme étant l'essence mystifiée de l'autorité. Il se trouve alors en position de réfuter l'affirmation centrale de Kojève selon laquelle, « de toute évidence et par définition, on ne peut pas avoir d'autorité sur soi-même ». Or, d'une certaine façon, même si on ne le sait pas, ce n'est qu'à soi-même que l'on peut faire autorité : seule sa propre division, irrémédiable, inconciliable, la permet. L'objet fait autorité parce que le clivage du sujet en rend possible plus fondamentalement l'intrusion ; non pas l'assimilation. Il est faux d'envisager l'autorité seulement comme un rapport d'êtres conscients.

---

1. On trouve, dans le *Séminaire* sur l'angoisse, une analyse saisissante du grain de beauté « qui me regarde. Et c'est parce que çà me regarde qu'il m'attire si paradoxalement, quelquefois plus, – et à juste titre – que le regard de ma partenaire, car ce regard me reflète après tout et pour autant qu'il me reflète, il n'est que mon reflet, buée imaginaire », L. XI, p. 317.

2. *Le Séminaire*, L. XI, p. 303. C'est tout le thème de la leçon sur « La schize de l'œil et du regard ». Dans le texte écrit à la mort de Merleau-Ponty, on trouve la même réflexion : « Pourquoi préjuger de ce que le primum soit seulement un *percipiens*, quand ici se dessine que c'est son élision qui rend au *perceptum* de la lumière elle-même sa transparence ? », *Autres écrits*, Paris, Seuil, 2001, p. 178.

Sans doute, faut-il qu'il y ait des êtres conscients et voulant, des « agents », pour qu'il y ait autorité, mais ce pourrait être en pensant à Kojève que Lacan dit : « l'agent n'est pas du tout forcément celui qui *fait*, mais celui qui *est fait agir* » [1]. La symbolique, prise ou dissimulée dans sa réification, impose mieux les rôles de l'autorité que les agents ne peuvent le faire eux-mêmes. Le véritable problème de l'autorité n'est pas la question de savoir qui, pourquoi et pour quelle raison tel individu exerce son autorité sur un autre, mais celle du retour du symbolique sur celui qui l'émet ou le transmet sous forme d'une chose. Ce sont ce rebond, ce retour et cette « réflexion » qui font problème.

Il est un autre trait par lequel Lacan permet de dépasser les analyses phénoménologiques par lesquelles Kojève pointe les figures pures de l'autorité, le jeu symbolique de ses masques. Le jeu symbolique kojévien ne fait que confirmer l'analyse phénoménologique, en dépit des aller et retour rectificatifs préconisés par méthode [2]. Chez Lacan, la structure symbolique, loin d'être adéquate à la façon dont on la sent et la vit, fait apparaître les sentiments comme leur simple transfiguration mensongère.

C'est le point où Lacan se sert de Bentham pour dénoncer cette illusion

En 1817, Bentham a écrit un livre qu'il constitue lui-même en étape décisive d'une histoire de l'utilitarisme retracée en deux articles de la *Deontology*; il s'agit de *A Table of the Springs of Action*. Dans ce texte, Bentham prétend établir,

---

1. *Le Séminaire*, L. XVII, p. 197.
2. *La notion d'autorité*, p. 134.

derrière leurs apparences senties, les véritables ressorts symboliques de nos actions. Il cherche, à travers la langue anglaise, mais aussi, plus sporadiquement, dans d'autres langues et en regrettant de ne pouvoir le faire plus généralement, les façons dont l'action se dit, se trame ; montrant précisément la scansion de la langue, les points où elle se dérobe et enfouit ce qu'on aurait pu attendre qu'elle scande. Cette auscultation de la trame symbolique de nos désirs, qui ne coïncide ni avec le sentir de nos actes, ni avec le découpage conventionnel et prédéterminé selon des individus, des collectivités, fait toute l'originalité du texte, que l'on hésite à identifier avec un livre de psychologie ou de sociologie (avant la lettre) mais qui l'apparente étonnamment, non sans que l'on soit victime de quelque illusion rétrospective, au travail de Lacan.

Il n'est pas sûr que Lacan ait eu une lecture directe des *Springs of Action*, mais on ne peut manquer d'être frappé par la proximité du mode benthamien d'interrogation des mots, de leur regroupement, de leur opposition, avec la façon dont Lacan substitue aux affects les diverses modalités selon lesquelles l'être qui parle est soumis à sa langue, la subit, fait l'expérience de lui-même comme un objet pour ce discours. « À partir du discours psychanalytique, d'affect il n'y en a qu'un, à savoir, le produit de la prise de l'être parlant dans un discours, en tant que ce discours le détermine comme objet » [1]. La vérité structurale des affects tient dans un discours qui n'a pas grand chose à voir avec ceux que l'on imagine vivre et avec la façon dont ils sont scandés par le discours ordinaire, qui ne les reflète pas ; même si, entre les uns et l'autre, il existe des rapports complexes et indirects. On trouve chez Bentham la même

1. *Le Séminaire*, L. XVII, p. 176.

volonté de réduire les passions à des entités fictives fallacieuses et à les considérer comme les indices d'un jeu de
plaisirs et de douleurs que le langage permet d'organiser et de
réorganiser[1]. Il ne s'agit nullement de dire que Lacan et
Bentham obtiennent des résultats tout à fait comparables; mais
ils ont en commun la même façon de tenter de substituer aux
affects une trame symbolique censée en dire la vérité.

Pour entendre le déplacement que représente ce discours
par rapport aux classements ordinaires ou aux typologies
issus de perspectives phénoménologiques sur l'autorité, qu'il
s'agisse de celle de Weber ou de celle de Kojève, il faut s'inté-
resser au quadrant, puis au quadrant de quadrants que Lacan
propose dans le Livre XVII de son *Séminaire*, même si leur
auteur ne les situe guère sous le terme d'*autorité*. Cette recherche lacanienne d'ordonnancement des discours, qui bouscule
radicalement les perspectives de description des phénomènes,
en les frappant de superficialité, doit être au moins esquissée.

Le principe du quadrant est dans le repérage de places :
l'agent, celui qui parle; l'autre, celui à qui le discours est tenu;
la production, le discours produisant un effet de situation de
l'agent par rapport aux autres, ou de ces autres entre eux; la
vérité enfin, qui dirait ce qu'il en est, en soi, de ce discours.

Lacan les dispose ainsi :

---

1. Le point est particulièrement voyant quand il s'oppose à Hume dans les
Hume's virtues. Il traite le Livre II du *Traité de la nature humaine* comme le
dernier traité du genre des « Passions de l'âme », auquel il convient de substituer des ouvrages moins rhétoriques et plus scientifiques. Dès le début du
Séminaire, Lacan avait estimé qu'il fallait retirer des publications sérieuses
toute référence à l'affectivité. *Le senti ment* : la façon ordinaire de structurer les
affects est dénuée de la moindre vérité.

l'hystérique, du maître et de l'analyste paraissent parfaitement contingents, ils ne laissent pourtant pas d'être absolument nécessaires. Regardons le principe de cette nécessité.

Ce qui fabrique l'autorité est toujours la production d'une différence entre un individu ou un groupe empiriquement existants et un je transcendantal ou une autre instance censée savoir ou représentant quelque objectivité. Ce moment est absolument nécessaire, constitutif du sujet, comme du groupe et de l'intersubjectivité. Le discours ne peut devenir objectif qu'en paraissant s'autonomiser par rapport à l'individu concret, qu'en prenant son essor de façon *sui generis*; cette extériorité, tant par rapport à chacun que par rapport à tous, est un élément essentiel de l'autorité. Il est un moment où il faut que l'Autre prime sur l'autre, que la reprise réelle par l'autre soit simplement possible sans requérir d'être effective. Lacan n'est pas, à proprement parler, l'inventeur de ce modèle : A. Smith l'utilise quand il constitue la *sympathie* ou une valeur telle que le *mérite*. Il faut que s'opère un détachement du discours qui devient une langue. Sans cette objectivisation et son illusion de séparation de style platonicien, il n'y aurait pas de position de valeur. L'apport proprement lacanien tient peut-être proprement à deux choses. À ceci d'abord : Lacan envisage les quatre termes de son quadrant comme une espèce de division arithmétique, avec dividende, diviseur, quotient et reste. Aucune division ne se fait sans reste. Quand un individu ou un groupe concret produit du savoir ou quelque valeur, une loi, une institution, il paraît déléguer toutes ses forces psychiques à un sujet abstrait ou transcendantal qu'il s'efforce d'être, d'incarner, d'introjecter ou de s'assimiler sous quelque mode que ce soit et il veut constituer l'autre ou les autres en auditeurs, en héritiers, en dépositaires de cet être abstrait, d'une façon ou d'une autre. Il est évident qu'aucun individu ni aucun groupe ne devient sujet transcendantal ou auteur, que nul ne peut s'y identifier réellement sans que n'apparaisse une irrémédiable et insoluble division qui laisse un reste. C'est la gestion de ce reste qui est mise en lumière par Lacan : on ne peut pas ne pas avoir à son égard de politique ou de stratégie de gestion, mais il est tout à fait possible d'ignorer cette politique et cette stratégie qui s'opèrent réellement quoique inconsciemment. La psychanalyse envisage l'ensemble du processus de l'autorité sous l'angle de ce qui reste, de ce qui peut se trouver « déchétisé »; elle comprend les autres discours, qui ont leur nécessité et qui ne doivent par conséquent pas être compris comme des accidents désastreux.

Ainsi le discours de l'universitaire est typiquement le discours de celui qui s'identifie au sujet de la science et qui demande à l'autre de devenir cet Autre, d'incarner le sujet transcendantal, comme s'il était possible de le faire sans reste. Or il ne s'agit pas là seulement d'une illusion, fût-elle nécessaire : c'est en même temps une injustice, un traitement de l'autre au lit de Procuste. L'autre ne peut qu'être élève ou que devenir maître à son tour; s'il ne fait ni l'un ni l'autre, il est simplement négligeable. L'autre n'existe que comme incarnation de l'Autre et tout ce qui résiste à cette incarnation est rejeté comme nocif ou dangereux. Le maître ne fait que généraliser cette attitude puisqu'il se pose en défenseur et en promoteur des valeurs, attendant de chacun qu'il les incarne et les défende à son tour, vouant les rebelles au mutisme et à l'anéantissement. Après tout, il n'y a pas si loin du discours du maître au discours de l'universitaire : « c'est à la place de l'ordre, du commandement, à la place premièrement tenue par le maître, qu'est venu le savoir »[1]. Ce qui fait la « canaillerie » du discours du maître comme de celui de l'universitaire, repose sur ceci : « de vouloir être l'Autre, j'entends le grand Autre de quelqu'un, là où se dessinent les figures où son désir sera capté »[2].

L'hystérisation du discours est aussi un de ses moments fondamentaux, dans la mesure où celui qui dit la science ou qui dit les valeurs croit, dans une sorte d'*hybris*, pouvoir saturer toutes les places occupées par l'autre, être compris par l'autre comme le locuteur croit se comprendre lui-même ; comme si l'on pouvait produire un sens qui soit sens pour tous et même une vérité qui le soit pour tous. Ce moment du discours, fustigé par Pascal dans les *Pensées*[3], est aussi essentiel que la maîtrise, tout particulièrement celle de l'universitaire.

Il faut toutefois bien comprendre que l'autre n'est pas constitué, à travers l'érection de l'Autre, en être simplement souffrant : on peut trouver sa jouissance dans la jouissance de l'autre. C'est même ce qui se passe dans la production de savoir qui demande à l'autre une sorte de caution, d'onction de vérité que le savoir ne saurait apporter seul à ses propres constructions. Celui qui produit un savoir ne peut se faire beaucoup d'illusions sur sa vérité sans la reprise par l'autre qui, par cette répétition, donne une illusion de vérité. Que ce

---

1. *Le Séminaire*, L. XVII, p. 119.

2. *Le Séminaire*, L. XVII, p. 68.

3. Fragment Br. 392 : « …je vois bien qu'on applique (ces) mots dans les mêmes occasions, et que toutes les fois que les hommes voient un corps changer de place, ils expriment tous deux la vue de ce même objet par le même mot, en disant, l'un et l'autre, qu'il s'est mû ; et de cette conformité d'application on tire une puissante conjecture d'une conformité d'idées ; mais cela n'est pas absolument convaincant de la dernière conviction … ».

qu'il invente puisse être répété par d'autres, non pas parce que c'est lui qui l'a dit, mais parce qu'ils imaginent que c'est le discours des choses mêmes, lui donne l'illusion d'avoir parlé vrai. L'autorité n'est pas forcément un étouffement de la jouissance, qui se vivrait comme insupportable ; elle en est plutôt la captation, la difficulté, voire l'impossibilité faite à l'autre d'accéder à une jouissance qui ne serait pas liée à un investissement de signifiants dont il n'a aucunement la maîtrise. Ce n'est que dans une culture supérieure du désir que celui qui produirait du savoir ne chercherait pas à ce que l'autre, voire l'Autre, apporte une caution de vérité à sa construction. Le souci de l'autre, de la contingence d'une communication, d'un enseignement, d'une compréhension ou d'une adhésion réelles ont peut-être aussi leur inscription nécessaire dans le processus de l'autorité, comme les quatre discours permettent de le construire : la fragilité de l'autre et son inscription dans une historicité réelle ne doivent pas être rejetées comme l'autre du transcendantal mais comme le véritable dépassement de son moment qui a pu paraître nécessaire. Sans le *Stück Realität* de la fragilité et de la particularité des circonstances, les constructions ne gagneraient pas leur véritable objectivité, qui ne peut en rester à la séparation à leur égard.

Un autre apport lacanien tient peut-être à avoir parfaitement dit que l'inscription dans l'existence de ce jeu d'autorité et de jouissance avait la dureté d'une langue ; que les moments et l'historial de cette distribution de quadrants avaient la nécessité d'une inscription linguistique. Lacan ne fait pas ici de psychologie ; d'ailleurs, il a rendu impossible la lecture de son quadrant, de cette façon-là, puisque, à supposer que l'hystérie soit une catégorie psychopathologique, ce n'est évidemment pas le cas, du moins pas au même titre, de l'universitaire, du

maître et de l'analyste, qui sont à la fois des métiers et des
fonctions. Ce qu'il appelle *langage* lui sert à casser une lecture
psychologisante et à rapprocher des catégories qui peuvent
paraître absolument dissemblables. « Le langage nous emploie,
c'est nous qui sommes ses employés »[1]. Il faut d'ailleurs noter
ici que si Lacan utilise des lettres plutôt que les termes ou les
expressions qu'elles représentent, « c'est parce qu'il ne veut
pas y mettre des choses qui aient apparence de signifier. Je
veux ne les signifier aucunement. Je veux les autoriser. C'est
déjà un peu plus les autoriser que de les écrire »[2].

On pourrait faire les mêmes remarques à propos de l'*objet
a*, constituant de la structure précédente, que Lacan tenait pour
sa véritable invention par rapport à Freud, et dont il donne, de
façons diverses, des équivalents « empiriques » : le regard, la
voix, le sein, les fèces ; parfois le phallus. Là encore, l'impression d'arbitraire nous saisit d'abord, même si on accepte de
faire de ces figures autant de schèmes pour une infinité de
phénomènes. On conçoit bien sûr qu'il s'agit d'objets coupés
et retournés, selon plusieurs modes, de telle sorte que le sujet
ne reconnaisse plus les actes symboliques qui lui ont donné
naissance. C'est pourquoi, dans le cas de l'*objet a*, on admet
peut-être mieux l'étrangeté, le disparate et la disjonction que
dans le cas des quatre discours, dans la mesure où l'activité
symbolique s'y dérobe à elle-même sous la forme d'abrupts
objectifs[3]. Le sein est la figure d'un impossible retour au passé,
non reconnu comme tel ; les fèces sont celle du rejet, qui peut

1. *Le Séminaire*, L. XVII, p. 74.

2. *Le Séminaire*, L. XVII, p. 197.

3. Si l'on reconnaissait immédiatement et phénoménologiquement l'*objet
a*, il ne jouerait pas son rôle.

servir de schème à des produits non reconnus comme étant ceux de la déjection. Le regard est évidemment cette production coupée de moi que j'attribue fantasmatiquement à l'autre, comme pour me soutenir de l'autre côté d'une tension[1]. Quant à la voix, Lacan en fait une magnifique interprétation du caractère «coupé», inversé, qui permet son intrusion dans l'organe de l'ouïe[2] comme un commandement[3], à la fin du *Séminaire* sur *L'angoisse*[4] et dans la Leçon sur *Les Noms du Père*. L'oreille est un intermédiaire d'autorité.

Le problème qui se pose au lecteur de Lacan est exactement inverse de celui qui s'ouvre à la lecture de Kojève. Dans le dernier cas, il faut se demander pourquoi la structure est si bien ordonnée à ce qu'on vit, comme si l'existence ne nous pipait jamais et comme si l'autorité pouvait s'exercer sans tromperie. Dans le premier cas, celui qui est posé par Lacan,

1. On ne se sait pas avoir un regard; le regard, c'est toujours l'Autre qui l'a. Dès lors, nous échappe assez radicalement qu'un regard, on en a un aussi pour l'Autre et l'on ne voit pas que ce que l'Autre veut nous arracher, c'est ce regard (*L'angoisse*, p. 421). Mais c'est de façon très anti-sartrienne que Lacan montre que ce n'est pas le regard qui angoisse, mais que c'est bien plutôt son absence là où je l'attendais (*L'angoisse*, p. 421). D'une certaine façon, l'expérience du regard que Sartre place au fondement de «l'existence pour autrui», est tout sauf une rencontre avec autrui et une expérience d'autrui. C'est d'abord une expérience bouleversante de la scission de soi avec soi, à laquelle la figure de l'autre participe pour y jouer un rôle. Mais l'imagination que ce rôle est fondamental n'est qu'un déplacement de la scission.

2. Il insiste sur l'autarcie organique de l'oreille: «C'est l'appareil qui résonne. Il résonne […] à sa note, à sa fréquence propre». Puis, figurant l'oreille dans le code même de la théâtralisation de l'angoisse, il décrit le résonateur qu'est l'oreille, qui est du type tuyau «quel qu'il soit, flûte ou orgue», *L'angoisse*, p. 341.

3. *L'angoisse*, p. 341-342.

4. Il s'agit essentiellement de la Leçon du 5 juin 1963.

la distorsion paraît si grande, entre ce qu'on vit et la structure qu'il élabore, que l'on se défend mal contre l'impression durable d'arbitraire, liée aux quatre discours. Étant entendu qu'un affect est, en réalité, une passivité au langage du sujet (du « parlêtre ») qui en use, il faut construire cette vérité sans se laisser distraire par les intuitions qui nous empêcheraient de penser ce fonctionnement structurel. D'une certaine façon, en élevant le symbolique à un fonctionnement presque autonome et, pour ainsi dire, méconnaissable dans la réalité directe, Lacan accomplit ce qui avait été dit par Hume[1] ou par Bentham[2] : que c'est inconsciemment que s'effectue la politique ou, plus fortement, que c'est l'inconscient qui en fait le contenu, quels que soient les habillages contractualistes et tout empreints de « droits de l'homme » qu'on lui fait subir. C'est pour cette raison que la théorie des quatre discours ne parle pas immédiatement à l'intuition.

Il est un point qui reste quelque peu obscur : quel lien y a-t-il entre cette théorie des discours, que nous envisageons au fondement de la conception lacanienne de l'autorité, et la figure du Père, omniprésente chez Lacan, encore qu'elle ne se caractérise pas par un « discours » particulier, comme c'est le cas du maître, de l'universitaire, de l'hystérique et de l'analyste ?

1. On trouve l'idée chez Hume, cyniquement énoncée, qu'un peuple est bienheureux quand il ne pose pas la question de la légitimité de l'origine du pouvoir qui le gouverne et qu'il ne cherche pas à la mesurer par ces petites machines abstraites que sont les fabrications des contractualistes.

2. Bentham qui n'est pas plus tendre que Hume pour les petites machines contractualistes, quoiqu'il ne partage pas le conservatisme monarchiste de l'Écossais, dira toute l'admiration qui le lie à Filmer, sous-entendant par là qu'aucun pouvoir politique ne peut se passer d'une figure paternelle de l'autorité.

La question du Père

Kojève avait fait du Père l'une des figures privilégiées de l'autorité, peut-être la figure essentielle du politique [1], à la différence de Hegel ; mais aussi à l'instar de Freud. Freud avait détecté l'origine de l'autorité, y compris de l'autorité politique, dans la nostalgie de la toute-puissance du père [2]. Lacan ne nie pas que le père soit une figure essentielle de l'autorité, encore qu'on n'aperçoive pas très bien comment il la rattache à sa perspective des quatre discours ; sans doute est-il possible de rétorquer que le père n'est pas une figure pure, qu'il n'y a pas, à proprement parler, de discours du père, comme il y a discours du maître, de l'universitaire, de l'hystérique et de l'analyste ; et que, si discours du père il y a, il tient assez étrangement dans la transmission du nom du père, ce qui n'est pas une simple communication et ne va pas sans déterminer un contenu. Mais il est clair, comme on le lit dans le *Discours de Rome* [3], que le nom du père est une figure absolument fondamentale de l'autorité, puisque « c'est dans le nom du père qu'il nous faut reconnaître le support de la fonction symbolique qui, depuis l'orée

---

1. Était-ce flatterie rusée à l'égard de la France de Vichy dirigée par un chef qui se prenait pour son père salvateur et volonté d'abuser la censure ? Kojève va jusqu'à essayer de démontrer que « la destruction de l'autorité du père est funeste à l'autorité politique en général », car « elle provoque nécessairement l'opposition de l'élément "Juge" aux éléments "Maître" et "Chef", c'est-à-dire précisément la « séparation des pouvoirs » que nous discutons », NA, p. 151, autrement dit, un démantèlement des pouvoirs de l'État.

2. « Le besoin de la masse humaine pour une forte autorité, dit-il dans *L'homme Moïse et la religion monothéiste*, vient de la nostalgie du père ». Voir en annexe le fragment du texte intitulé *Un souvenir d'enfance de Léonard de Vinci*.

3. *Écrits*, Paris, Seuil, 1966, p. 278.

des temps historiques, identifie sa personne à la figure de la loi ».

Lacan, qui entre profondément dans la logique des fictions, n'a pas de mots assez durs pour dénoncer, chez Freud, le mythe darwinien du chef de horde et la confusion qu'il implique entre la paternité et quelque instinct biologique ou la fonction de génération. Il en va de ce mythe comme de celui que posent les partisans de l'état de nature qui nous demandent, à la fois, de le poser et surtout de ne pas imaginer qu'il existe : aucune paternité ne vient, en quelque sorte, percer le symbolique en quelque temps initial pas plus qu'il n'y a d'homme naturel avant l'homme social. Il n'est de père que par le langage. Lacan va jusqu'à écrire, dans *Les psychoses*, que « Avant qu'il y ait le Nom du père, il n'y avait pas de père ». Ce qu'il faut entendre à la lettre : « Assurément, avant que le terme de *père* ne se soit institué, dans un certain registre, historiquement, il n'y avait pas de père » [1]. Dans le droit fil de Pascal, Lacan pose que la paternité est si peu naturelle qu'elle est de l'ordre d'une sublimation, c'est-à-dire d'un engendrement par l'esprit. La référence est ici explicitement religieuse et judéo-chrétienne [2]. Il importe peu que le père existe en chair et en os comme un individu biologique particulier : le père mort est aussi efficace

---

1. *Les psychoses*, Paris, Seuil, 1981, p. 346.
2. La *Conférence de Bruxelles du 9 mars 1960* le pointe tout particuliè-rement, avec cet étonnement : «Nous ne pouvons manquer de remarquer, d'accentuer cette chose dont je me suis étonné qu'aucun critique, qu'aucun commentateur de Freud ne laissait apparaître, dans son caractère massif : c'est combien la préoccupation, la méditation de Freud autour de la fonction, du rôle, de la figure, du nom du Père, le marque comme articulant toute sa référence éthique autour de la tradition proprement judéo-chrétienne ».

dans son rôle de transmetteur et sans doute davantage [1]. Qu'en penserait ton (ou mon) père ? Qu'en aurait pensé ton (ou mon) père ? Ces questions ne sont-elles pas des composantes fondamentales de l'éthique ? Le nom est une valeur complexe ; recevoir un nom, s'en rendre digne, avoir entendu – de la mère, par exemple – qu'il faut s'en rendre digne [2], c'est s'en faire le créateur et le dépositaire ; le *dépositaire pour* s'en faire le créateur, car rien ne dit à quelle tâche ni à quelle vocation précise nous voue le nom. Le *créateur*, à condition d'en être le dépositaire, car il faut en hériter comme d'un bien pour qu'il fasse son effet ; il faut qu'on le reçoive pour qu'on le crée, et qu'on le reçoive comme quelque chose qui nous appartienne incontestablement pour qu'il ouvre un horizon libre devant nous. Etrangement, la détermination du nom et le relatif resserrement des possibles qu'il occasionne sont une condition de liberté.

Sans nous ériger en défenseurs d'un injustifiable « pallogocentrisme » – pour reprendre le mot forgé par Derrida dans *La carte postale* –, de la position lacanienne, sans chercher à considérer les multiples difficultés et confusions qui peuvent résulter d'un double système de filiation, nous voudrions nous inquiéter ici de l'embarras que pourrait constituer un principe

---

1. Dans la *Conférence du 9 mars 1960*, réfléchissant sur *Totem et tabou*, Lacan fait ressortir que « le père n'interdit le désir avec efficace que parce qu'il est mort, et j'ajouterais : parce qu'il ne le sait pas lui-même – entendez : qu'il est mort ».

2. « Ce n'est pas uniquement de la façon dont la mère s'accommode de la personne du père, qu'il conviendrait de s'occuper, mais du cas de sa parole, disons le mot, de son autorité, autrement dit, de la place qu'elle réserve au Nom-du-Père dans la promotion de la loi », *La question préliminaire*, dans *Écrits*, II, Paris, Seuil, 1970, p. 56.

de double transmission du nom, qui laisse le fils ou la fille libre de porter le nom de son choix. On pourrait se demander si, comme un certain libertarisme juridique tend à le vouloir aujourd'hui, faire du nom l'occasion d'un choix ne le fausse pas radicalement et n'en pervertit pas la valeur, la ravalant à un simple étiquetage. Le nom n'est paradoxalement un opérateur de liberté que s'il n'est pas choisi. D'une certaine façon, c'était ce que signifiaient le nom du père et cette initiale passivité au langage. La nécessaire dépendance des enfants à l'égard du père est une passivité, une réceptivité au symbole; non pas une passivité biologique ou génétique. Celle-ci ne donne rien à faire; l'autre est contradiction mais, par sa distension de contingence et de destin, elle ouvre radicalement à la création. Dès lors, il est très surprenant que se prennent, pour ainsi dire clandestinement, sans aucun débat parmi les citoyens qui ne sont ni députés ni ministres, et presque sans débat chez les députés eux-mêmes, des mesures législatives qui engagent profondément la vie de chacun[1].

Restent nos inquiétudes liées au phallogocentrisme, qui se tournent cette fois contre Lacan, car on ne comprend pas pourquoi, dès lors que l'on a radicalement détaché la fonction symbolique de la fonction génitrice, c'est plutôt au père qu'à la mère de transmettre le nom, et pourquoi le nom de la mère ne donnerait pas au fils ou à la fille la même aspiration que le nom du père. À cette question, à proprement parler abyssale par son jeu de fictions, on ne peut pas dire que Lacan ait donné de réponse très convaincante, en opposant la « valeur sublima-

---

1. On n'a, pour ainsi dire, pas eu de débat sur la famille, la transmission du nom, le mariage des homosexuels; c'est à peine si les positions les plus marquées reflètent les clivages ordinaires de la droite et de la gauche. La plupart des lois votées par le Parlement font l'objet d'une sorte de consensus distrait.

toire » de la fonction du père à la « charnalité manifeste » du lien maternel[1]. Sans doute Lacan n'a-t-il jamais imaginé que « père » et « mère » pouvaient être autre chose que des fonctions symboliques ; mais enfin, que peut bien signifier que l'une des fonctions est plus symbolique que l'autre ? Et, dans la mesure où on ne peut pas répondre à cette question, comment éviter de penser que le primat symbolique accordé par Lacan au père n'est qu'un choix arbitraire de culture ? Toujours est-il que la réalité du droit est en passe d'enfoncer, selon une sorte de fatalité – liée au fait que d'autres l'ont fait, d'autres peuples, ou plutôt d'autres gouvernements –, un certain nombre de positions que Lacan estimait peut-être inébranlables et qui auraient mérité au moins, en dépit des équivoques du lacanisme, qu'on les prît en compte dans une discussion.

Conclusions

1) Le mérite de la psychanalyse, dans toutes ses familles et composantes, est sans doute d'avoir accepté comme politiques des terrains qui n'apparaissaient pas tels d'emblée : je viens d'effleurer le problème des noms, mais il faudrait prendre en compte un grand nombre d'autres problèmes, liés à l'organisation des relations sexuelles, familiales, qui ne sont pas toujours perçus, quoique à tort, comme politiques par l'ensemble des membres d'un État ou d'une communauté politique quelconque. Du moins ne sont-ils pas l'enjeu de conflits comme un certain nombre de problèmes économiques ; et, quand ils donnent lieu à des partitions, elles n'ont pas lieu selon les clivages classiques de la droite et de la gauche, mais divisent très différemment chacun des deux camps qui a ses conserva-

1. *Conférence de Bruxelles du 9 mars 1960.*

teurs et ses progressistes. Les positions sur la famille ne divisent pas comme les divisions sur la répartition de la richesse.
L'une des tâches de la psychanalyse en politique est – et
pourrait devenir bien davantage – l'observation du devenir des
problèmes, de ceux qui, longuement enfouis, éclatent au grand
jour, de ceux qui paraissent silencieux, comme ces mots que
détecte Bentham, qui existent dans une langue et n'existent pas
dans une autre. D'une certaine façon et, dans un vocabulaire
que l'on peut emprunter aux Anglo-saxons, la psychanalyse
est particulièrement bien placée pour considérer les passages
du politique <*political*> à *la* politique <*politics*> [1].

2) Toutefois cette distinction n'est pas sans danger. Certes,
la psychanalyse, en se faisant réflexion sur *le* politique, en
particulier sur la question de l'autorité, est originale. Il nous est
apparu que la création de l'*objet a* n'était pas sans intérêt sur la
question. D'une certaine façon, ce qui apparaît avec la psychanalyse, dont la création remonte tout de même à plus d'un
siècle, c'est que nous sommes encore au début balbutiant
des théories du symbolique. Elle a montré que le symbolique
heurtait fondamentalement l'intuition ; ce qui ne veut nullement dire qu'il faille faire taire l'imagination. L'imagination doit se faire imagination de l'imagination, imagination
inversée, imagination jouissant d'être contre-intuitive et
créant une posture à laquelle on finira toujours par s'habituer.

Mais, en dépit des perspectives qu'elle ouvre sur *le* politique, et qu'elle ouvre par principe, puisque Lacan lui-même, a
déclaré que « l'inconscient, c'est la politique » [2], il reste une

---

1. On trouve cette distinction explicitée dans le livre de Y. Stavrankakis,
Lacan and the political, Londres-New York, Routledge, 1999.

2. Leçon du 10 mai 1967, *Le Séminaire*, « La logique du fantasme ».

difficulté que les auteurs anglo-saxons surtout n'ont pas manqué de relever : quand on s'éloigne trop de *la* politique, n'a-t-elle pas sa vengeance ? Quand on ne pèse pas beaucoup sur elle, on laisse alors le terrain libre à des idéologies plus en prise sur les votes, les mouvements sociaux, la presse, la fabrication de l'opinion, la sélection de ce qui doit être « débattu ». Ne conviendrait-il pas que la psychanalyse traite de politique de manière moins lointaine ? Yannis Stavrankakis fait le reproche à la psychanalyse d'être incapable de s'articuler comme discours idéologique ; on pourrait imaginer, non pas plus d'esprit critique à l'égard des idéologies – elle est pleinement dans son rôle en les critiquant –, mais plus de stratégie.

3) Ce manque de stratégie n'est-il pas la raison profonde qui fait que Freud et Lacan n'ont su produire sur le terrain de la politique que des déclarations humanitaristes, qui ne suffisent pas pour former la moindre politique ? Lacan le dit, à plusieurs reprises concernant Freud [1], sans approuver ni désavouer, tout

---

1. *Le Séminaire*, L. VII, p. 216 : Freud « était humanitaire et nous devons en tenir compte, si discrédité que soit ce terme par la canaille de droite, mais d'un autre côté, il n'était point un demeuré, de sorte que l'on peut dire également, et nous avons les textes, qu'il n'était pas progressiste ». « Quand je dis que Freud est un humanitaire, mais n'est pas un progressiste, je dis quelque chose de vrai ». Il le redira aussi dans sa *Conférence du 9 mars 1960*, donnée à Bruxelles : « La réflexion de Freud n'est pas "humaniste", rien ne permet de lui appliquer ce terme. Elle est pourtant, de tempérance et de tempérament, "humanitaire", disons-le, malgré le mauvais relent de ce mot en notre époque. Mais, chose curieuse, elle n'est pas progressiste. Elle ne fait nulle foi à un mouvement de liberté immanente, ni à la conscience, ni à la masse. Étrangement, c'est ce par quoi elle dépasse le niveau bourgeois de l'éthique contre lequel elle ne saurait d'ailleurs s'insurger, non plus que contre tout ce qui se passe à notre époque, étant comprise l'éthique qui règne à l'Est, éthique qui, comme toute autre, est une éthique de l'ordre moral et du service de l'État. La pensée de Freud est démarquante. La douleur vaine lui paraît inutile. Le malaise de la civilisation lui

au plus pour le regretter[1] ; ne s'abrite-t-il pas derrière lui pour avancer un humanitarisme qui, au bout du compte, était peut-être aussi le sien ? Sans vouloir accuser Lacan de naïveté sur les rapports entre individualité et société, on peut se demander si l'accent n'a pas été mis, au bout du compte, sur une éthique de portée plus « individuelle » que politique ; car enfin, le *Séminaire* sur *L'éthique de la psychanalyse* s'achève par l'affirmation du désir à l'intérieur des limites d'une indivi-dualité qui se crée, dans l'enracinement d'une « destinée particulière »[2], en prenant certes parfaitement conscience des conséquences politiques qui en résultent, mais il ne comporte pas l'équivalent d'une politique de la psychanalyse[3]. À moins que son utopie, qui est utopie d'une éthique et d'une politique du désir, en opposition aux éthiques et aux politiques du travail[4], communes à la gauche et à la droite, ne se laisse

paraît se résumer en ceci : tant de peine pour un résultat dont les structures terminales sont plutôt aggravantes. Les meilleurs sont ceux-là qui toujours plus exigent d'eux-mêmes. Qu'on laisse à la masse, comme aussi bien à l'élite, quelques moments de repos ».

1. Mais il regrette d'avoir à le dire devant un public qu'il risque de décevoir ; il ne paraît pas regretter les positions anti-progressistes de Freud, qui sont globalement les siennes.

2. *Le Séminaire*, L. VII, p. 368.

3. De ce point de vue, Lacan est un continuateur de Freud, qui ne concevait la société que comme une illusion groupale, et la sociologie comme relevant plus fondamentalement de la psychologie : la sociologie « ne peut être rien d'autre que de la psychologie appliquée ».

4. Il y a, chez Lacan, comme chez Freud, l'idée que d'innombrables vies ont été et continuent d'être gâchées par le travail, sans avoir eu la moindre idée de ce que pouvait être la place du désir dans une éthique. Dans une page superbe qui termine *L'éthique de la psychanalyse*, Lacan montre l'invariable continuité des discours du pouvoir concernant le travail : « Quelle est la proclamation d'Alexandre arrivant à Persépolis comme celle de Hitler arrivant à Paris ? Le

décidément pas traduire dans des idéologies, complices sur ce point, qui s'entendent à la rejeter sans ménagement.

4) Reste un soupçon qui ne sera levé que par l'étude du second texte que nous commentons ci-après, mais qui nous paraît particulièrement attisé par le spectacle précédent : quand on émancipe l'autorité d'une sphère étroitement politique, en lui donnant une acception large – et c'est bien ce que fait la psychanalyse – retrouve-t-on une acception forte de la politique ? Le spectacle de la psychanalyse ne renforce-t-il pas la crainte qu'une théorie de l'autorité s'écarte sensiblement d'une théorie du pouvoir ? Une théorie de l'autorité peut-elle fournir une théorie suffisante de la politique, même si celle-là apporte à celle-ci une autre vision ?

préambule importe peu - *Je suis venu vous libérer de ceci ou cela.* L'essentiel est ceci – *Continuez à travailler. Que le travail ne s'arrête pas.* Ce qui veut dire – *Qu'il soit bien entendu que ce n'est en aucun cas une occasion de manifester le moindre désir.* La morale du pouvoir, du service des biens, c'est – *Pour les désirs, vous repasserez. Qu'ils attendent* » (p. 363). Le L. XVII du *Séminaire* soulignera toutefois que notre époque s'illustre tout de même particulièrement de ce point de vue : « Le travail n'a jamais été autant à l'honneur depuis que l'humanité existe. Il est même exclu qu'on ne travaille pas. C'est un succès, ça, quand même, de ce que j'appelle le discours du maître » (dans son style capitaliste) (p. 195).

envers une personne ou des personnes dans un état de sujétion à son auteur.

Or il résulte, par cet essentiel trait distinctif d'une loi positive, de la nature de la souveraineté et de celle de la société politique indépendante, que le pouvoir d'un monarque, à proprement parler, ou celui d'un collectif souverain, dans sa partie collégiale et souveraine, n'est pas susceptible de limitation légale. Un monarque ou un collectif, lié par un devoir légal, serait sujet d'un souverain plus élevé ou supérieur ; autrement dit, un monarque ou un collectif souverain lié par un devoir légal serait souverain et ne serait pas souverain. Le pouvoir suprême, limité par la loi positive, est une pure et simple contradiction dans les termes.

Une société politique n'échapperait pas davantage au despotisme légal quand bien même le pouvoir du souverain serait borné par des restrictions légales. Le pouvoir d'un souverain supérieur qui imposerait immédiatement les restrictions ou le pouvoir de quelque autre souverain supérieur à ce supérieur serait absolument libéré des chaînes de la loi positive. Car, à moins que les restrictions supposées ne fussent ultimement imposées par un souverain qui ne fût pas lui-même en un état de sujétion à la souveraineté plus élevée ou supérieure, une série de souverains, ascendante jusqu'à l'infini, gouvernerait la communauté supposée. Ce qui est impossible et absurde.

Des monarques et des corps souverains ont essayé de s'obliger <*to oblige themselves*> ou de plier leurs successeurs à leurs pouvoirs souverains. Mais, en dépit des lois que les souverains se seront imposés ou qu'ils imposeront à leurs successeurs qui jouiront de leurs pouvoirs souverains, on pourra soutenir universellement et sans exception que « le pouvoir souverain n'est pas susceptible de limitation légale ».

L'auteur immédiat d'une loi de cette sorte ou quelque successeur souverain de cet auteur immédiat peut abroger cette loi quand il en a envie. Et, bien que la loi ne soit pas abrogée, le souverain du temps présent n'est pas tenu de l'observer sous le risque d'une sanction légale ou politique. Car si le souverain du temps présent était légalement tenu de l'observer, ce souverain présent serait dans un état de sujétion à l'égard d'un souverain plus élevé ou supérieur.

Par rapport aux successeurs qui jouissent des pouvoirs suprêmes ou souverains, une loi de la sorte revient, au mieux, à une règle de morale positive. Par rapport à son auteur immédiat, elle n'est qu'une loi par métaphore. Car, si nous parlions avec propriété, nous ne pourrions parler d'une loi établie par un homme pour lui-même : quoiqu'un homme puisse adopter un principe pour guider sa propre conduite et qu'il puisse l'observer comme s'il était tenu de l'observer sous le risque d'une sanction.

Les lois que les souverains affectent de s'imposer à eux-mêmes ou les lois que les souverains affectent d'imposer à leurs successeurs ne sont que des principes ou des maximes qu'ils adoptent comme des guides ou qu'ils commandent comme des guides à leurs successeurs qui exercent le pouvoir souverain. La rupture d'un souverain ou d'un État avec une loi de l'espèce dont il s'agit n'est pas illégale. S'il établit, à l'égard de ses sujets, une loi qui entre en conflit avec une loi de cette espèce, c'est celle-là qui est légalement valide ou qui oblige légalement.

COMMENTAIRE

*Le caractère absolu de la souveraineté ne doit pas
s'entendre, chez Austin, dans le même sens que Hobbes*

Austin pense, comme Bentham, que la valeur fondamentale, en quelque domaine que ce soit, est l'utilité. Mais, à la différence de Bentham, il ne pense pas que l'utilité trouve son caractère ultime en se posant en mesure de toutes les valeurs, en les transcendant et en les transformant en simples déterminations d'elle-même. L'« évolutionnisme » d'Austin[1] a fait qu'on a parfois confondu les positions de *The Province of Jurisprudence Determined* avec la thèse de Hobbes, puisque celui-ci ne peut envisager une souveraineté qui ne serait absolue. Or si Austin paraît en accord avec Hobbes, ce n'est pas pour les mêmes raisons : la souveraineté, dans son caractère absolu, ne saurait se représenter sur le mode simpliste et fallacieux de la délégation par contrat. D'où vient alors qu'il puisse affirmer comme Hobbes que la souveraineté n'est

---

1. W. J. Brown, dans *The Austinian theory of law* (Littleton, Rothman, 1983), l'établit scrupuleusement (voir Excursus B), encore qu'il n'utilise pas ce mot d'*évolutionnisme*.

limitée par aucune loi, au point d'inquiéter tout républicain et tout démocrate ?

Il est vrai que la définition de la souveraineté s'effectue dans les termes de Hobbes, sinon tout à fait selon la définition hobbesienne. L'auteur du *Léviathan* parlait du contrat politique comme d'une autorisation, par les membres du corps politique, d'une instance – qu'elle soit incarnée par un individu ou par une collectivité – à laquelle ils délèguent leur pouvoir de telle sorte que celle-ci prenne les décisions qui leur permettent d'organiser leur vie en toute sécurité. Sans doute, Austin parle du souverain comme d'un auteur de la loi là où Hobbes aurait plutôt parlé d'un acteur de la loi, puisque l'auteur serait plutôt, à ses yeux, le membre qui autorise que l'on prenne des décisions à sa place. Toutefois, pour décalé qu'il soit, le jeu de l'auteur et de la personne est très comparable chez Austin et chez Hobbes. Avec une différence considérable, qui est la marque de l'utilitarisme : il n'est pas question, chez Austin, d'*état de nature*, de *loi de la nature*, de *sortie de l'état de nature par un contrat*, les définît-on comme des fictions.

> Au lieu de dériver l'existence du gouvernement politique d'une perception, par la masse des gouvernés, de sa grande et évidente nécessité <*expediency*>, Hobbes attribue l'origine de la souveraineté et de la société politique indépendante à un accord <*agreement*> ou à un pacte <*covenant*> fictif <*fictitious*>. Il imagine que les sujets futurs pactiseront les uns avec les autres et que les sujets futurs pactiseront avec le souverain futur, pour obéir sans réserve à tout commandement de ce dernier. [...] Il suppose en vérité que les sujets sont conduits à tisser cet accord par leur perception de la nécessité d'un gouvernement et par leur désir d'échapper à l'anarchie.

Ces fictions sont inutiles et fallacieuses, comme l'avait établi Hume par sa critique : il n'est de lois que positives,

produites par des instances qui sont autorisées ou qui s'auto-
risent à les établir. L'état de nature n'est que le fantasme,
projeté dans le passé, d'une scène primitive qui n'a jamais eu
lieu et qu'on n'a, par conséquent, aucun lieu de supposer. Les
véritables transformations ne s'effectuent pas d'un prétendu
état de nature à un état civil, elles s'effectuent au sein de l'état
civil comme son indéfini changement historique. Sans doute,
ne peut-on se passer de fictions pour organiser la vie politique,
mais il en est de fallacieuses dont il vaut mieux se passer.

> En plaçant son système immédiatement sur un mensonge inter-
> calaire <*interposed figment*> au lieu de le faire directement
> reposer sur la base ultime de l'utilité, il parvient souvent à ses
> conclusions d'une façon sophistique et équivoque, quoique ses
> conclusions soient ordinairement telles que le principe d'utilité
> peut les garantir. [Toutefois], le devoir religieux des sujets
> d'accorder une obéissance sans limite et le droit divin du souve-
> rain de prescrire et de recevoir une telle obéissance ne peuvent
> en vérité pas être reconnus parmi les conclusions que ce prin-
> cipe justifiera. En vérité, ce devoir et ce droit ne peuvent être
> inférés logiquement même de sa propre fiction » [1].

L'accord avec Hobbes n'est donc qu'en trompe l'œil. On
peut obtenir de meilleurs résultats en mettant en œuvre la
théorie des fictions qui, depuis Bentham, accompagne systé-
matiquement l'utilitarisme. Les règles de droit ne tiennent leur
autorité que d'autres règles, par une cascade d'autorités, qui
habilitent et sont habilitées à prendre ces règles ; ce qui assure
le retour transcendant, caractéristique de l'autorité. Toutefois,
pour que l'édifice des lois puisse fonctionner, il faut bien que,
d'autorité en autorité, on en arrive à une autorité ultime qui ne

---

1. *The Province of Jurisprudence Determined*, p. 278.

soit plus autorisée par rien ou, si l'on préfère, qui s'autorise d'elle-même et qui soit en quelque sorte le fait d'un écran ultime à partir duquel la réflexion ou l'inflexion puisse s'effectuer. Le fait est simplement lié à une propriété de l'autorité, qui ne joue son rôle que si elle se retourne sur elle-même, par l'effet de quelque écran ou de quelque miroir. C'est une propriété de l'autorité qui fait que la souveraineté est fondamentalement *fait* et *force*.

On a pu critiquer Austin et ne pas lui pardonner cette position qui rendait absolue l'autorité la plus élevée et qui paraissait renverser l'utilitarisme en absolutisme. Certes, l'autorisation austinienne n'est pas l'autorisation hobbesienne, puisqu'elle n'est pas issue d'un contrat, mais on trouve dans les deux cas le retournement qui est indispensable à l'autorité. Hobbes a compris la nature de l'autorité dans toute son étendue, mais il a eu tort de lui donner une tournure contractualiste dès qu'il revient à la politique. Nous nous sommes suffisamment inspirés de l'élargissement de la notion d'*autorité* chez Hobbes pour nous étonner de son resserrement sur une position verticale forte de la politique.

Sans doute Austin a-t-il montré que la lecture monarchique de Hobbes n'était pas la seule possible, qu'une démocratie pouvait se penser également sur le modèle hobbesien. Mais ce qui paraît le plus intéressant dans l'élargissement de la notion, c'est sa montée par degrés vers la souveraineté et l'affirmation du renversement de la souveraineté en force et fait. Il existe un *factum de la souveraineté*, la nature même de l'autorité impliquant cette sorte d'absolutisme et un fonctionnement dynamique qui met à nu la force et le fait. La cascade d'autorisations, qui fait le droit, se trouve, au bout du compte, confrontée à d'autres valeurs ; cette confrontation ne permet pas de faire de la légitimité de l'autorité la valeur ultime, comme un certain type de contractualisme l'envisagerait. Austin évoque aussi, pour les contester, les exemples de Locke et de Rousseau. L'autorité n'est pas d'essence contractualiste; ni républicaine, ni démocratique. L'affirmation austinienne d'un fait de souveraineté est-elle scandaleuse?

L'« évolutionnisme » d'Austin

Oui, si nous nous en tenons, pour lire Austin, à une perspective étroitement juridique et «légitimiste», laquelle présente toutefois le défaut rédhibitoire de ne pas permettre de prendre suffisamment en compte le principe de réalité de l'évolutionnisme des valeurs. Non si, refusant de sacrifier à quelque conception morale du monde, nous approfondissons cette souveraineté et ne la laissons pas sans la critique qui la parcourt pour en assurer la légalité et la légitimité. Si Austin peut, mieux que Bentham, faire place au jeu des valeurs et à leur sélection dynamique, n'est-il pas possible de mieux conjuguer cet évolutionnisme avec la question de la légalité ou de la légitimité? Entre cette première thèse et la thèse proprement benthamienne que nous nous proposons d'inspecter, dans l'entre-deux de l'antinomie, la question qui se pose est celle de savoir si l'analyse de l'autorité telle que nous l'avons conduite, qui révèle une notion qui n'est pas d'essence contractualiste, mais qui fait une large place à la concurrence des valeurs, est néanmoins compatible avec une conception républicaine et démocratique de la politique, qui implique une limitation de la souveraineté.

Pour l'heure, nous pouvons souligner le grand avantage de la position utilitariste, qu'elle soit austinienne ou benthamienne, sur les positions contractualistes, quand il s'agit de conduire l'analyse juridique par des notions complètes, sans surcharge inutile. Austin ne s'encombre pas de romans qui tiendraient lieu d'explication. On peut conduire sobrement l'analyse des notions, sans charger l'étude de considérations idéologiques inutiles, comme le montre le travail qu'Austin fait sur la loi.

On peut dire qu'une loi, dans l'acception la plus générale et la plus compréhensive dans laquelle on utilise ce terme, dans son sens littéral, est une règle posée par un être intelligent pour guider un autre être intelligent sur lequel il exerce un pouvoir qui rend possible ce guidage. Les lois sont établies, au moins pour certaines d'entre elles, par des supérieurs politiques, souverains et sujets. Ce sont des commandements, qui se distinguent d'autres significations de désir, non par le style dans lequel le désir se signifie, mais par le pouvoir et le but de la partie qui commande d'infliger un mal ou une peine dans le cas où le désir serait contrarié. Étant susceptible de souffrir par vous si je ne me soumets pas au souhait que vous signifiez, je suis lié ou obligé par votre commandement ou je me soumets au devoir de lui obéir. Le commandement ou le devoir sont sanctionnés par la probabilité d'encourir un mal. Il faut encore que la loi commande généralement et non pas à une ou à quelques personnes. Le premier cours de *The Province* est une remarquable analyse de la notion de *loi* qui n'utilise aucun concept qui parasiterait ou surchargerait le jeu de relations qui la sous-tend. Bentham, comme Austin, part de la loi et de l'autorité de la loi, d'un inlassable travail législatif sur lui-même plutôt que d'une instance censée dire la justice, à partir de laquelle on dériverait la loi. Pour l'un comme pour l'autre, le droit est l'enfant de la loi. C'est la loi qu'il faut inlassablement travailler et changer. Est-ce à dire que la souveraineté est nécessairement illimitée et sans aucun contrôle ? En d'autres termes : est-ce que la méthode qui consiste à partir de la loi conduit fatalement à une théorie absolutiste de la souveraineté? L'absolutisme de la souveraineté sanctionne simplement le fait qu'il faut bien que l'autorité soit autorité de soi à un certain moment, arbitraire par nécessité; ce qui ne veut pas dire: sans limitation. On le voit par l'exemple, pourtant antérieur, de Bentham.

La résistance benthamienne contre l'arbitraire

Bentham ne pense pas que la juridicisation du souverain, sa légalisation ou sa légitimation soient hypocrites ou inutiles. Il s'affaire réellement à la limitation de la souveraineté. Envisagée dans sa pureté juridique, cette activité, qui se fait au nom de l'utilité comme valeur indépassable, cette opération de limitation peut faire craindre à un isolement assez pur, incompatible avec l'affirmation benthamienne de l'impureté des valeurs, d'une part, avec l'évolutionnisme des valeurs d'autre part. Or, nous allons voir que la légalisation de la souveraineté ou sa limitation n'est nullement incompatible avec le principe de réalité des valeurs qu'est l'évolutionnisme. On oppose un peu rapidement, sommairement et abstraitement, la justice à la force, sans toujours s'aviser que la justice n'est pas sans pouvoir sur l'esprit des hommes comme le rappelait Socrate à Calliclès, ou, comme nous le dirions, que la légalisation ou la légitimation n'est pas sans armes dans l'inlassable lutte des valeurs contre d'autres valeurs. La légitimation fourbit et développe des armes spécifiques, susceptibles d'une redoutable efficacité, reconnue par le bouillant Calliclès, qui enrage contre la force que les « faibles » redonnent par les lois.

La difficulté de Bentham est inverse de celle d'Austin. Bentham survalorise l'utilité et ne voit pas qu'elle est aussi fragile et aussi « illégitime » que les autres valeurs. Austin se met en position de regarder la lutte des valeurs qui est un fait indépassable. Bentham veut la geler et il croit pouvoir y parvenir avec l'utilité. Sans doute l'utilité lui permet-elle d'avoir une meilleure approche de la notion de légalité; mais il aurait tort de préserver cette notion comme si elle pouvait être une clé ultime et, en quelque sorte, à l'abri de toute érosion et de tout conflit avec les autres valeurs. Nous demanderons donc, pour finir, quel est l'intérêt de l'utilité pour poser la question de la «légalité» de la souveraineté; puis si la promotion de l'utilité est compatible avec la certitude de l'évolution des valeurs (telle qu'elle est décrite chez Hume et chez Diderot).

La première chose qui frappe chez Bentham, c'est le dispositif qu'il met en place pour rendre efficace la limitation de l'autorité. Là où une Déclaration des droits de l'homme et du citoyen parle *in abstracto* de la nécessité d'une telle limitation pour éviter les abus, du droit de «résister à l'oppression» par exemple, Bentham ne confond pas le besoin de la loi avec la loi elle-même et il présente, en entrant dans le détail, la procédure même qui permet d'effectuer réellement cette limitation: chaque mesure est examinée du point de vue de ses avantages et désavantages individuels et collectifs, avec une prédominance de l'intérêt collectif, celui du plus grand nombre, sur celui des individus, pris séparément. L'utilitarisme est dans ce calcul permanent d'effets obtenus avec le maximum d'efficacité en entrant, aussi loin que possible, dans le détail des conséquences et dans leur entrelacement qui peut occasionner des contradictions. Il s'agit, non pas d'appliquer de grands principes, mais de construire, selon un indéfini système de balances, l'ensemble des pouvoirs, avec leur administration. D'une certaine façon, l'analyse que Pascal avait faite pour le fonctionnement des mots dans une proposition, et des propositions dans un texte, est exactement celui des mesures juridiques et politiques qui assurent les résultats, sans demander aux hommes de changer ou d'acquérir quelque vertu supérieure dont ils sont immédiatement incapables, du moins durablement.

Bentham ne promeut nullement une conception morale du droit. Le respect de la loi est le moins possible un respect moral. La loi doit être écrite et fonctionner de telle sorte que l'exaction à laquelle le contrevenant serait tenté de se livrer lui soit rendue, sinon impossible, du moins très difficile et risquée. En cas de contravention, le rédacteur de la loi et le législateur, qui a voulu cette loi mais qui n'a pas fait suffisamment attention aux conditions de son application, sont presque aussi responsables de l'exaction que le contrevenant lui-même. Il s'agit, dans la rédaction d'une loi, de la former et de la lier aux autres lois de telle sorte qu'il soit moins intéressant à chacun d'y contrevenir que de l'appliquer. Une loi n'est pas un idéal de conduite ; elle est une machine d'organisation qui lie les hommes par leurs intérêts mêmes, y compris les moins spontanément tournés vers le bien public. Le juriste utilitariste en vient à ses fins, non pas par une défense de grands principes, mais par une intrication subtile de menus actes bien pesés. On ne fait pas descendre sur terre des idées célestes ; c'est l'entrelacs d'actes bien terrestres qui organisent les retours qui imposent son rôle à chacun, que celui-ci rédige la loi, qu'il la vote, qu'il la promulgue ou qu'il s'y soumette tout simplement.

Par un équilibre inlassablement recherché, sur tous les fronts, des plaisirs et des douleurs, les lois, les articles, les décrets s'écrivent, taraudés et mus sous la pression d'une logique interne, qui fait que la production d'une loi ne fait jamais qu'une avec sa légitimité. La légitimité d'une loi ne consiste pas en quelque contrôle supérieur qui s'effectuerait d'un point de vue transcendant ; elle est immanente à la production de la loi elle-même. Il se peut que ce travail subtil et détaillé de l'utilité rejoigne, par projection, les grands idéaux de liberté, d'égalité, de sécurité, d'entraide, mais on ne part pas de façon platonicienne de ces grands idéaux, comme si on les connaissait mieux que le détail et comme s'il ne s'agissait que de les « appliquer » dans la réalité. C'est l'avancement du détail et la confection des entrelacements réels qui en provoquent le mirage, par une sorte de projection au demeurant inévitable. Bentham, qui passe, avec raison, auprès des juristes, pour un grand réorganisateur du droit – Stuart Mill y voit même son principal titre de gloire –, non seulement ne néglige pas le détail du droit, mais lui attache la plus haute importance, car il sait que c'est par là que l'on rejoint réellement les grands principes et non par quelque inspiration directe [1].

Conciliation de l'utilitarisme benthamien et de l'évolutionnisme austinien

C'est peut-être par là qu'on voit le mieux la solution de notre problème que l'œuvre d'Austin permet de poser en toute clarté. Nous demandions si l'utilitarisme, qui promeut l'utilité au-dessus des autres valeurs, était compatible avec le mode de

---

1. On remarquera que, sur ce dernier chapitre, Lacan reprend presque mot pour mot la thèse utilitariste : « Il est certain que la loi – entendons la loi en tant qu'articulée, cette loi qui constitue le droit – ne doit certes pas être tenue pour l'homonyme de ce qui peut s'énoncer ailleurs au titre de la justice. Au contraire, l'ambiguïté, l'habillement, que cette loi reçoit de s'autoriser de la justice, c'est là, très précisément, un point dont notre discours peut peut-être faire mieux sentir où sont les véritables ressorts, j'entends ceux qui permettent l'ambiguïté, et font que la loi reste quelque chose qui est, d'abord et avant tout, inscrit dans la structure », *Le Séminaire*, L. XVII, p. 48.

vie conflictuel des valeurs, que nous avons qualifié, empruntant librement le terme à une grande théorie biologique, d'*évolutionnisme*. Si Austin montre bien comment l'utilité est une valeur qui se confronte à d'autres – elle n'est, pour lui, ni la mesure des autres, ni un test qu'on leur ferait passer, mais un simple index de mesure ou de test, pas une fontaine ou une source [1] –, Bentham permet de mieux comprendre, dans le détail, comment les valeurs s'affrontent fractalement avec leurs armes propres, les grands idéaux n'étant que projetés au-delà des conflits, mais considérés par une illusion réflexive, comme les véritables raisons de ces conflits. L'évolutionnisme des valeurs ne fonctionne pas comme si l'utilité affrontait, à la façon d'une grande abstraction, les autres grandes abstractions que sont la vérité ou la justice ; c'est dans le détail constitutif de chacune de ces valeurs que la sélection s'effectue.

Moins abstraitement que Bentham, Austin pose la confrontation des valeurs entre elles, sans aucune préservation de l'utilité et surtout, sans accorder un primat aussi étroit à la relation de l'utilité et du langage. En revanche, plus habilement peut-être, et par des analyses très fines, Bentham permet de comprendre comment agit l'*évolutionnisme*, sur quels points il est actif. Car il ne suffit pas de parler en général de conflit des valeurs ; comme pour les formes vivantes ou physiques, il faut encore savoir à quel niveau ce conflit agit. Ce n'est pas toujours au niveau le plus visible. Il ne faut pas, en une conception morale du monde, opposer abstraitement le fait du jeu de forces ou le fait de l'évolution des valeurs à la légitimité ou la

---

1. Chez Bentham, l'utilité fait la valeur des valeurs. On lit dans le manuscrit UCL 098-104 : « Les vertus n'ont d'autre valeur que celle que l'utilité leur donne ».

légalité du souverain. Le travail de la légitimité ou de la légalité est aussi, à sa façon, une force qui œuvre incessamment avec ses propres armes ; elle peut bien, par fantasme, se donner comme une instance suprême, qui transcenderait les autres forces : elle est, à la même enseigne que les autres, sommée de livrer un combat toujours singulier et toujours à refaire.

Conclusion

Ceux qui ont déploré la *fin de l'autorité*, comme ceux qui l'ont chantée d'ailleurs, ne paraissent pas avoir réfléchi à cette règle des règles qui fait qu'on ne pose jamais une règle sans en poser indéfiniment d'autres dans ses intervalles et dans ses interstices. Quand une règle périclite ou s'interrompt, pour une raison ou pour une autre, il en est toujours une autre qui prend la relève, puisqu'elle était en quelque sorte sous-jacente à celle qui ne peut plus fonctionner. Parler de fin de l'autorité équivaut à peu près à parler de fin des règles, comme si l'on pouvait en trouver d'ultimes qui ne laissent plus de place à quelque intervalle ou interstice et qu'il serait fatal, pour cette raison même, d'ébranler ; or ces hiatus sont modaux et pas seulement quantitatifs, comme l'a vu Platon qui, dans *Les lois*, conseille aux jeunes juristes, l'apprentissage des nombres et la considération de ce qui se passe entre deux nombres voisins. Si bien que l'arbitraire est intrinsèque à la règle, à son écriture, à son angle d'attaque ; l'autorité ne peut manquer de porter la marque de cet arbitraire et du savoir de celui-ci. Toutefois, cet arbitraire ne signifie pas que, dès lors, tout est possible et que la souveraineté ne requiert pas d'être limitée, qu'elle soit celle d'un monarque, d'un président, des membres d'une assemblée, fussent-ils démocratiquement élus. La souveraineté ne saurait être absolue précisément parce qu'il entre dans l'autorité ou dans la confection de toute règle, quelle qu'elle soit, une part d'arbitraire, par laquelle il est toujours possible de l'interrompre, de la reprendre, de la remplacer. L'arbitraire que nous avons reconnu à l'autorité n'est pas forcément incompatible avec une recherche de légitimité; à condition d'accorder toutefois qu'aucune légitimité n'est ultime. Elle est toujours en conflit avec d'autres légitimités et avec d'autres règles. L'évolutionnisme est l'indépassable loi des règles : cela ne veut pas dire qu'aucune force ne peut se tirer de l'invention de la légitimité. Ainsi, la structure antinomique, liée à l'arbitraire de la règle est vive et rebondissante : elle n'est pourtant pas insoluble.

Il est, sur certains points, méthodologiquement avantageux, même pour traiter de politique, de préférer commencer par une théorie de l'autorité plutôt que par une théorie du pouvoir. Précisément parce que l'autorité est plus diffuse, plus diverse, qu'elle affecte beaucoup plus d'objets que le pouvoir politique. La seule façon, pour le pouvoir politique de se dissimuler – ce qui lui est indispensable –, c'est évidemment de se donner plusieurs visages, ce que l'autorité peut faire, dans la mesure où elle n'est pas seulement autorité politique. Si on part de la notion de pouvoir, on risque d'être dupe d'une notion fantasmatique, alors que l'autorité permet une attitude plus chercheuse, plus inductive; en interrogeant, avec le moins de préjugé contractualiste possible, l'autorité d'un texte de loi, on suit un meilleur fil conducteur, plus réel en tout cas, qu'en tenant ce texte de loi pour une émanation de quelque pouvoir que ce soit.

TABLE DES MATIÈRES

ACHEVÉ D'IMPRIMER
EN NOVEMBRE 2007
PAR L'IMPRIMERIE
DE LA MANUTENTION
A MAYENNE
FRANCE
N° 324-07

Dépôt légal :4ᵉ trimestre 2007